ESSENZ / ESSENCE
Winking · Froh Architekten

Winking · Froh Architekten

Jürgen Tietz (Hrsg./Ed.)

ESSENCE
ESSENZ

Birkhäuser
Basel

Projektleitung / Project management, Winking · Froh Architekten
Dr. Anne Schulten, Malte Kniemeyer-Bonnet, Hamburg

Projektleitung / Project management, Birkhäuser
Henriette Mueller-Stahl, Berlin

Übersetzung vom Deutschen ins Englische / Translation from German into English
Julian Reisenberger, Weimar

Redaktion deutsch / Copy editing German
Maike Kleihauer, Berlin

Redaktion englisch / Copy editing English
Ian McDonald, Solva

Grafische Gestaltung, Umschlaggestaltung und Satz / Layout, cover design and typesetting
Jonas Vogler, Paul Soujon, Berlin

Herstellung / Production
Amelie Solbrig, Berlin

Lithografie / Lithography
LVD Gesellschaft für Datenverarbeitung mbH, Berlin

Druck / Printing
Eberl & Koesel GmbH & Co. KG, Altusried-Krugzell

Papier / Paper
Arctic the Volume white, 150 g/m²

Library of Congress Control Number: 2021940673

Bibliographic information published by the German National Library
The German National Library lists this publication in the Deutsche Nationalbibliografie; detailed bibliographic data are available on the Internet at http://dnb.dnb.de.

This work is subject to copyright. All rights are reserved, whether the whole or part of the material is concerned, specifically the rights of translation, reprinting, re-use of illustrations, recitation, broadcasting, reproduction on microfilms or in other ways, and storage in databases. For any kind of use, permission of the copyright owner must be obtained.

© 2021 Birkhäuser Verlag GmbH, Basel
P.O. Box 44, 4009 Basel, Switzerland
Part of Walter de Gruyter GmbH, Berlin/Boston

ISBN 978-3-0356-2273-7
e-ISBN (PDF) 978-3-0356-2274-4

9 8 7 6 5 4 3 2 1

www.birkhauser.com

Inhaltsverzeichnis / Table of Contents

Wege und Wurzeln. Ein Vorwort — 8
Paths and Roots. A Preface

„Die Architektur kommt von selbst"
Konzeption und Planung
"Architecture emerges of its own accord"
Concept and design
— 10

HypoVereinsbank, Prag, Tschechische Republik — 24
HypoVereinsbank, Prague, Czech Republic

Museum für Botanik, Loki-Schmidt-Haus, Hamburg, Deutschland — 26
Museum of Botany, Loki-Schmidt-Haus, Hamburg, Germany

Polizeiinspektion Cloppenburg, Cloppenburg, Deutschland — 28
Cloppenburg Police Station, Cloppenburg, Germany

Atelierhaus, Hochschule für bildende Künste Hamburg, Hamburg, Deutschland — 30
Atelierhaus, HFBK University of Fine Arts, Hamburg, Germany

Rathaus Elmshorn, Elmshorn, Deutschland — 32
Elmshorn Town Hall, Elmshorn, Germany

Erweiterung Kreishaus Husum, Husum, Deutschland — 34
Extension Husum District Hall, Husum, Germany

„Qualität besteht darin, dass sich neue Räume eröffnen"
Städte bauen
"Quality arises through the emergence of new kinds of spaces"
Building cities
— 36

Revitalisierung Spiegel-Insel – Hamburg Heights, Hamburg, Deutschland — 44
Spiegel-Insel Revitalisation – Hamburg Heights, Hamburg, Germany

Oversea Creative Park, Hangzhou, China — 50
Oversea Creative Park, Hangzhou, China

Masterplan Ledward Barracks, Schweinfurt, Deutschland — 52
Ledward Barracks Masterplan, Schweinfurt, Germany

Quartier am Blumenwisch, Verden, Deutschland — 54
Am Blumenwisch Quarter, Verden, Germany

Quartier am Europaplatz, Heidelberg, Deutschland — 56
Europaplatz Quarter, Heidelberg, Germany

Alanbrooke-Quartier, Paderborn, Deutschland — 60
Alanbrooke Quarter, Paderborn, Germany

„Unterschiedliche Wohnformen beleben den Wohnungsbau" Wohnwelten mit Qualität "Different typologies for different needs enrich the quality of housing" High-quality living environments	62
Stadthäuser Dolgenseestraße, Berlin, Deutschland Dolgenseestrasse Townhouses, Berlin, Germany	76
Quartier Überseegärten, Bremen, Deutschland Überseegärten Quarter, Bremen, Germany	80
Wohnhöfe Pergolenviertel, Hamburg, Deutschland Perlogenviertel Housing Estate, Hamburg, Germany	84
Wohnkarree Kummerower Ring, Berlin, Deutschland Kummerower Ring Housing Development, Berlin, Germany	88
Wohnbebauung Bei den Zelten, Hamburg, Deutschland Bei den Zelten Housing Development, Hamburg, Germany	90
Wohnturm Belle Harbour, Hamburg, Deutschland Belle Harbour Residential Tower, Hamburg, Germany	92
„Unsere Bauten greifen unterschiedliche Kulturen und Traditionen auf" Baukulturelle Inspirationen "Our buildings respond to different cultures and traditions" Architectural inspirations	94
Polizeirevier Davidwache, Hamburg, Deutschland Davidwache Police Station, Hamburg, Germany	104
Zheda Gemini-Türme, Hangzhou, China Zheda Gemini Towers, Hangzhou, China	108
Ningbo Book City, Ningbo, China Ningbo Book City, Ningbo, China	112
Hauptzollamt HafenCity, Hamburg, Deutschland HafenCity Main Customs Office, Hamburg, Germany	116
Rethebrücke, Hamburg, Deutschland Bridge over the Rethe, Hamburg, Germany	120
Wohnanlage Am Gasberg, Bad Segeberg, Deutschland Am Gasberg Residential Home, Bad Segeberg, Germany	122
Klassenhaus Johanneum, Hamburg, Deutschland Johanneum Classroom Building, Hamburg, Germany	124
Quartiersmitte Fischbeker Heidbrook, Hamburg, Deutschland Fischbeker Heidbrook Neighbourhood Centre, Hamburg, Germany	126

„Wir planen Häuser, die 100 Jahre stehen sollen" Bewahrende Transformation "We design buildings to last 100 years" Conservationist transformation	130

Instenhäuser Jürgensallee, Hamburg, Deutschland Jürgensallee Insten Houses, Hamburg, Germany	142
Hochhaus Esplanade 40, Hamburg, Deutschland Esplanade 40 High-Rise, Hamburg, Germany	144
Hotel Alte Kaffeebörse, Hamburg, Deutschland Hotel Alte Kaffeebörse, Hamburg, Germany	150
Rathaus Schöneberg, Berlin, Deutschland Schöneberg Town Hall, Berlin, Germany	152
Verwaltung Elektrostahlwerke H.E.S., Berlin, Deutschland Elektrostahlwerke H.E.S. Headquarters, Berlin, Germany	154
Heilwig-Gymnasium, Hamburg, Deutschland Heilwig Grammar School, Hamburg, Germany	156
Schule Forsmannstraße, Hamburg, Deutschland Forsmannstrasse School, Hamburg, Germany	158

„Mit der Architektur von heute Möglichkeitsräume von morgen schaffen" Zukunftsperspektiven in Architektur und Städtebau "Creating future potential with today's architecture" Future perspectives in architecture and urban development	160

Bildungszentrum Techniker Krankenkasse, Hayn bei Erfurt, Deutschland Techniker Krankenkasse Training Centre, Hayn near Erfurt, Germany	168
Landesschulen Parkstraße, Wuppertal, Deutschland Parkstrasse State School, Wuppertal, Germany	170
Hotel und Wohnen Stralauer Platz, Berlin, Deutschland Stralauer Platz Hotel and Housing, Berlin, Germany	172
Quartier Johannas Gärten, Erfurt, Deutschland Johannas Gärten Quarter, Erfurt, Germany	178
Neubau Regionalschule, Bützow, Deutschland New District School, Bützow, Germany	180
Zeitstrahl / Timeline	182
Über das Entwerfen. Ein Nachwort About Designing. An Afterword	194
Über das Büro / About the Office	196
Über den Herausgeber / About the Editor	197
Geschäftsführung / Directors Mitarbeiter / Staff	198
Bildnachweis / Illustration Credits	199

WEGE UND WURZELN
EIN VORWORT

In den vielen Jahren, in denen ich am Fachbereich Architektur der Hochschule für bildende Künste in Hamburg Bauplanung und Gebäudelehre unterrichtet habe, legte ich stets großen Wert darauf, das weiterzugeben, was ich parallel zur Lehre in meinem eigenen Büro in die Praxis umgesetzt habe. Das merkten die Studenten. Bereits während ihres Studiums waren immer viele Studenten in meinem Büro beschäftigt. Viele blieben auch nach ihrem Abschluss. Dieser Tradition folgten meine heutigen Partner und Geschäftsführer.

Wenn ich, wie heute Morgen, durch unser Büro gehe, schaue ich auf die Bildschirme. Ich komme mit den Bearbeitern ins Gespräch, erblicke Kleinigkeiten, frage nach und weise auf Dinge hin, die in der Summe entscheidend sind für das Gelingen guter Architektur, für die Essenz unserer Arbeit.

Wollte man ein Bild für die Arbeitsweise in unserem Büro suchen, dann lag lange der Vergleich mit einem Schiff nahe: Ich bildete den Kiel und meine besten Mitarbeiter die Spanten. Heute ist der Vergleich mit einem Katamaran passender, der über zwei Kufen verfügt, eine in Hamburg mit mir und eine in Berlin mit Martin Froh.

Nach 25 Jahren gemeinsamer Arbeit erscheint es sinnvoll, festzustellen, wo diese Kufen Spuren hinterlassen haben.

Alles in Hamburg und drum herum zeigt die Spuren der Hamburger Kufe. Alles in Berlin und drum herum sind Spuren der Berliner Kufe. Aber so einfach ist es nicht. Bei genauerem Hinsehen zeigen sich Berliner Spuren in Hamburg, etwa im Hauptzollamt, und Hamburger Spuren beispielsweise beim Schlachthofgelände in Erfurt.

Über die Jahre haben wir an vielen Orten in der Welt gebaut, nicht nur in Deutschland. Selbst in China durften wir große Projekte verwirklichen. Trotzdem zieht es uns immer wieder zu unseren Wurzeln zurück.

Martin Froh, der aus Schleswig-Holstein stammt, baut heute die Erweiterung des Rathauses in Kaltenkirchen, das Amt Kaltenkirchen-Land in Nützen und die Kreishauserweiterung in Husum.

Und mich, den gebürtigen Westfalen, zieht es ebenfalls zurück. Dorthin, wo mit der Neuen Stadt Wulfen in Dorsten-Wulfen in den 1970er Jahren mein architektonisches Frühwerk entstand. Heute sind es in Westfalen, neben vielen anderen Projekten, die Umnutzung der Alanbrooke-Kaserne zum Wohnungsbau in Paderborn oder das Institut der Feuerwehr Nordrhein-Westfalen in Münster.

Trotz aller unterschiedlichen Wege, trotz unserer verschiedenen Wurzeln stellen wir dabei immer wieder fest, dass wir ein Büro sind.

Bernhard Winking
Hamburg, im Juni 2021

PATHS AND ROOTS
A PREFACE

During my many years of teaching Building Design and Theory at the Department of Architecture at the HFBK University of Fine Arts in Hamburg, I always attached great importance to also passing on actual experience from architectural practice in the office. The students valued that, and many of them worked in my office during their studies – with several also staying on after graduation. My current partners and directors have continued this tradition.

When I walk through our office, as I did this morning, I look at the screens, speak with the staff, catch sight of details, ask questions and point out things that in their sum are crucial to the creation of good architecture, to the essence of our work.

For a long time, we used the image of a ship as a metaphor for our way of working at the office: I was the keel; my best colleagues, the ribs. Today, the image of a catamaran is more appropriate – with two hulls: one in Hamburg with me and the other in Berlin with Martin Froh.

After 25 years of working together, we can look back at the traces these hulls have left.

Everything in and around Hamburg bears traces of the Hamburg hull; everything in and around Berlin, of the Berlin hull. But it is not as simple as that. A closer look reveals traces of Berlin in Hamburg – for example, in the Main Customs Office – or traces of Hamburg elsewhere – for example, at the former abattoir site in Erfurt.

Over the years, we have built projects in many places around the world – not just in Germany – and we have even been fortunate enough to realise large projects in China. Nevertheless, we keep on returning to our roots.

Martin Froh, who comes from Schleswig-Holstein, is currently building the extension to the town hall in Kaltenkirchen, the Kaltenkirchen district administration in Nützen, and an extension to the district hall in Husum.

As a native of Westphalia, I am myself also drawn back to the region where I undertook some of my early architectural work in the 1970s for the new town of Wulfen in Dorsten-Wulfen. Today, we are working on many projects in Westphalia – among them, the conversion of the Alanbrooke Barracks in Paderborn into housing, and the North Rhine-Westphalian Fire Services Institute in Münster.

Despite our different paths, and despite our different roots, we are continually aware that we are, indeed, one office.

Bernhard Winking
Hamburg, June 2021

„Die Architektur kommt von selbst"

Konzeption und Planung

DIE ZEITLICHE ABFOLGE DER PROJEKTE INNERHALB DER KAPITEL RICHTET SICH NACH DEM JAHR DES WETTBEWERBS ODER DER BEAUFTRAGUNG.

THE PROJECTS ARE ARRANGED CHRONOLOGICALLY ACCORDING TO THE YEAR OF THE COMMISSION OR COMPETITION.

1995 HypoVereinsbank, Prag, Tschechische Republik
1995 HypoVereinsbank, Prague, Czech Republic

2004 Museum für Botanik, Loki-Schmidt-Haus, Hamburg, Deutschland
2004 Museum of Botany, Loki-Schmidt-Haus, Hamburg, Germany

"Architecture emerges
of its own accord"

Concept
and design

2013 Polizeiinspektion
Cloppenburg, Cloppen-
burg, Deutschland
2013 Cloppenburg
Police Station,
Cloppenburg, Germany

2016 Atelierhaus,
Hochschule für bildende
Künste Hamburg,
Hamburg, Deutschland
2016 Atelierhaus, HFBK
University of Fine Arts,
Hamburg, Germany

2017 Rathaus Elmshorn,
Elmshorn, Deutschland
2017 Elmshorn
Town Hall,
Elmshorn, Germany

2019 Erweiterung
Kreishaus Husum,
Husum, Deutschland
2019 Extension Husum
District Hall,
Husum, Germany

Jürgen Tietz — Professor Winking, im Lauf Ihrer Zusammenarbeit mit Martin Froh haben Sie in den vergangenen 25 Jahren rund 135 Entwürfe verwirklicht, weitere 45 Projekte sind in Planung und Bau. Darunter befinden sich Schulen, Bürohäuser, sehr viel Wohnbauten, aber auch große städtebauliche Entwürfe für ganze Quartiere. Wie beginnen Sie in Ihrem Büro mit der Arbeit an einem neuen Projekt?

Bernhard Winking — Es gibt verschiedene Arten, wie wir in ein Projekt starten. Am häufigsten sind es Wettbewerbe und Vergabeverfahren, zu denen wir eingeladen werden. Wir beteiligen uns auch aus freien Stücken an einem Wettbewerb, wenn uns das Thema interessiert. Natürlich kommt es auch immer wieder vor, dass Bauherren direkt an uns herantreten und uns bitten, dass wir uns einmal ein Grundstück anschauen, um zu untersuchen, was man dort überhaupt machen könnte. Das eigentliche Anfangen besteht dann darin, sich dem Thema Stück für Stück anzunähern. Das bedeutet, genau hinzuschauen und sich Fragen zu stellen: An welchem Ort einer Stadt soll gebaut werden? Um welche Bauaufgabe handelt es sich?

Wir untersuchen immer sehr genau den Ort und setzen uns mit der umgebenden Stadt auseinander, in die etwas Neues hineingebaut werden soll. Dabei nähern wir uns dem Grundstück an, indem wir klären, wie es sich über die Jahrhunderte entwickelt hat. So verstehen wir den aktuellen Zustand, den wir jetzt in der Gegenwart vorfinden.

Wenn wir uns solch eine historische Plattform erarbeitet haben, können wir von dort aus in die andere Richtung schauen, in die Zukunft. Was könnte sich künftig entwickeln, mit dem, was dort bereits vorhanden ist? Was kann neu hinzukommen? Schließlich verändern sich die Kultur und der Charakter eines Ortes durch das neue Gebäude und sein Programm. Nach und nach bildet sich so im Kopf eine erste Idee heraus, was entstehen könnte, welche Form es annehmen könnte. Natürlich haben wir aus der eigenen Erfahrung unseres Büros und aus der Baugeschichte auch bestimmte Beispiele im Kopf, die wir relevant finden und die wir in unsere Überlegungen mit einbeziehen.

Tietz — Wie verläuft eine solche Recherche in Ihrem Büro? Sehen Sie sich vor Ort um oder schauen Sie vor allem in Archivalien?

Winking — Natürlich sind wir immer vor Ort. Es ist mir ganz wichtig, zu einem Ort hinzugehen, ihn auf mich wirken zu lassen. Das andere sind historische Pläne. Wenn Sie solche Pläne übereinanderlegen, versteht man erst, wie sich ein Ort über die Zeit entwickelt hat. Sofern es bei einem Wettbewerb ein begleitendes Kolloquium gibt, besuchen wir es unbedingt. Die Atmosphäre eines Kolloquiums und die dort vermittelten Informationen lassen einen sehr vieles wahrnehmen.

Mir ist es grundsätzlich wichtig, einen möglichst großen Fundus an Wissen zu erstellen, ehe wir mit der eigentlichen Planung beginnen. Daher fahre ich mit den Mitarbeitern, die anschließend das Projekt betreuen, an den Ort. Wir schauen ihn uns an und diskutieren darüber

Jürgen Tietz — Professor Winking, over the course of your 25-year collaboration with Martin Froh you have realised some 135 designs, and a further 45 projects are currently in planning or under construction. They include schools, office buildings, numerous houses and housing projects as well as large urban design projects for entire neighbourhoods. How do you begin work on a new project in your office?

Bernhard Winking — Projects come about in different ways. Most often, we are invited to take part in a competition or tendering process. We also enter competitions of our own accord when the project or subject interests us. And, of course, from time to time clients approach us directly with a project or a request to investigate possible options for a plot of land. But a project actually begins by gradually getting to know the task and site. We look at it closely and ask numerous questions: In what part of a particular city is the site located? What is the building task at hand? We examine the site in detail, along with the surrounding urban context into which the new building will be inserted, and we research how the area has developed over the centuries in order to gain an understanding of how it arrived at its current state.

Once we have determined its historical basis, we can look in the other direction – to the future. What could develop out of the existing conditions? What could be added? How could the new building and its programme change the culture and character of the place? Little by little, an initial idea of what this might be begins to emerge along with the form it could take. We do, of course, also draw on our own experience as an office and our knowledge of the history of architecture, and have certain models in mind that could be relevant and that we include in our considerations.

Tietz — How do you go about such research in your office? Do you visit the site yourself in person or mainly conduct research in archives and records?

Winking — We do, of course, always visit the location. I find it very important to experience a place, to see the effect it has on us and to get our own impression. Historical plans are a second aspect: by overlaying and superimposing them, one can gain an understanding of how a place has developed over time. If there is a competition colloquium, we also definitely attend. One can learn a great deal from the atmosphere and information the colloquium conveys.

It is important to build up as much knowledge as possible before we start with the actual design. I visit the site along with those members of staff who will supervise the project. We examine it together and discuss our impressions. Often, I do this alongside with Martin Froh or our partners Stefan Waselowsky and Frank Weitendorf. Only then, when we have found something that has potential for the future, do we begin to make our first sketches.

miteinander. Häufig finden diese Exkursionen gemeinsam mit Martin Froh oder unseren Partnern Stefan Waselowsky und Frank Weitendorf statt. Wenn wir dann etwas gefunden haben, was in die Zukunft reichen könnte, entstehen die ersten Skizzen.

Tietz Was sind diese ersten Aspekte, mit denen Sie dann weiterarbeiten, um ein Projekt zu entwickeln?

Winking Ideal ist es natürlich, wenn es bereits ein Programm für ein Projekt gibt, das in den Skizzen zu einer Figur führt, von der man dann sagt: „Ja, das könnte es sein." Ein gutes Beispiel ist unsere Erweiterung der Kunsthochschule in Hamburg, für die wir den Wettbewerb gewonnen haben. Dort konnte ich aus meiner eigenen Zeit als Hochschullehrer an der Kunsthochschule meine Erfahrung mit den Künstlerateliers einfließen lassen. Daher ist es uns gelungen, in diesem Fall relativ schnell ein Konzept zu entwickeln und durchzuarbeiten. Unseren Ideen haben wir dann eine architektonische Form verliehen und das Ergebnis anschließend diskutiert. Sowohl untereinander im Büro als auch mit den Künstlern an der Hochschule. Einige haben beispielsweise darauf hingewiesen, dass sie nur wenig Tageslicht bräuchten. Wir haben uns daraufhin bemüht, das Licht durch eine flache Leibung der Fenster sehr gezielt in den Raum zu lenken. Um einen Wiedererkennungseffekt zu erzeugen, haben wir die Ateliers zudem nicht bloß übereinandergestapelt, sondern gegeneinander versetzt angeordnet. Obwohl sie im Inneren alle gleich strukturiert sind, kommt das Licht deshalb immer von einer anderen Stelle in die Räume. Dadurch entsteht auch ein schönes Spiel mit gefalteten Flächen. Für den Entwurf war es auch hilfreich, dass ich durch meine Jahre der Lehrtätigkeit an der Hochschule mit etlichen Künstlern befreundet bin und wir im Austausch stehen, wie mit dem Bildhauer Ulrich Rückriem, dem Designer Peter Raacke, der die wunderbare Bestecksserie „mono-a" entworfen hat, die ich bei uns zu Hause sehr gerne benutze, oder mit Franz Erhardt Walther, der 2017 den Goldenen Löwen auf der Biennale in Venedig erhalten hat.

Tietz Ihre Entwürfe sind demnach aus der genauen Analyse des Ortes und den eigenen Erfahrungen entwickelt …

Winking … und dem eigenen Erleben. Ganz genau. Das sind immer die glücklichsten Momente, wenn sich ein Entwurf so aus den unterschiedlichen Aspekten entwickelt.

Tietz Das heißt aber auch, dass Ihre Architektur keine beliebige Setzung von außen darstellt, sondern immer kontextualisiert ist, immer den Zusammenhang mit dem jeweiligen Ort sucht.

Winking Auf jeden Fall. Während meiner Zeit als Hochschullehrer habe ich stets großen Wert darauf gelegt, dass die Studenten ihre Entwürfe

Tietz   How can one imagine these initial aspects that you then work with when developing a project?

Winking   In ideal cases, a project already has a programme that causes an idea to emerge in the sketches where we feel: "Yes, that has potential." A good example of that is our competition-winning design for an extension to Hamburg University of Fine Arts, the HFBK. In that case, I was able to draw on my own experience of the artists' studios as a teacher at the university, and we managed to come up with and elaborate a concept relatively quickly. From there, we developed ideas for its architectural form and discussed the results – among ourselves in the office as well as with artists at the university. Some noted, for example, that they didn't need such ample daylight. We responded by directing light very specifically – via shallow, canted window reveals – into the rooms. To create a recognisable impression, we didn't just stack the studios above one another but staggered them. Although they all have the same internal structure, the ateliers each receive light from a different position. It also resulted in a wonderful play of folded surfaces on the façade. For the design, it proved helpful that I remain friends with quite a few artists from my teaching days at the university whom I could consult – among them, the sculptor Ulrich Rückriem; the designer Peter Raacke, who created the wonderful "mono-a" cutlery series, which I use regularly at home; and Franz Erhardt Walther, who was awarded the Golden Lion at the Venice Biennale in 2017.

Tietz   Your designs therefore derive from a precise analysis of place and from past experience …

Winking   … and our own perception. Exactly. One is always happiest when a design develops from various different aspects.

Tietz   This implies that your architecture is not an arbitrary design that you introduce into its setting but is always informed by its context and seeks a connection with the respective place.

Winking   Absolutely. During my time as a university teacher, I attached great importance to ensuring students didn't begin by implanting a design idea. My own teacher, Godber Nissen, was once asked, "And when does the architecture come?" – to which he replied, "Architecture emerges of its own accord." And he was right. The same is true of our work. Architecture derives from its specific circumstances, and also, of course, from our knowledge of the history of architecture. The extension for the HFBK is one of our more recent projects. Another example is a bank building in Prague developed together with Martin Froh 25 years ago. We knew little of Prague at the time, and set off in a VW Dormobile to explore the city. We were fortunate enough to have Vladimir Šlapeta, a member of the Berlin Academy of Arts, as

nie mit einer Setzung anfangen. Godber Nissen, mein Lehrer, wurde einmal gefragt: „Und wann kommt die Architektur?" Seine Antwort lautete: „Die Architektur kommt von selbst." Und das stimmt auch und gilt auch für unsere Arbeit. Die Architektur leitet sich aus den spezifischen Gegebenheiten her, aber natürlich auch aus dem eigenen Wissen um die Baugeschichte.

Die Erweiterung der HFBK, der Hochschule für bildende Künste Hamburg, ist ja eines unserer jüngeren Projekte. Das Bankgebäude in Prag ist dagegen ein frühes Projekt, das in enger Zusammenarbeit mit Martin Froh vor 25 Jahren entstanden ist. Wir kannten Prag damals noch nicht und sind gemeinsam dorthin gefahren, um die Stadt mit einem VW Bulli zu erkunden. Vladimir Šlapeta, der Mitglied in der Berliner Akademie der Künste ist, hat uns damals durch die Stadt geführt. Das war sehr schön, weil wir dadurch ein wenig damit beginnen konnten, in die Stadt einzutauchen und sie zu verstehen.

Ein anderes wichtiges Beispiel für unsere Arbeit ist die Alice Salomon Hochschule in Berlin-Hellersdorf. Die Idee des städtebaulichen Entwurfs von Andreas Brandt und Rudolph Böttcher war, dass dort ein Platz nach spanischem Vorbild entstehen sollte. Eine Plaza Mayor. Also haben meine Frau und ich uns spanische Plätze genauer angeschaut. In Madrid, Barcelona, in Salamanca. Wer schon einmal in Salamanca war und dort die Plaza Mayor erlebt hat, das ist so wunderbar, dass es einen weiterhin begleitet und beeinflusst. Das heißt nicht, dass man versucht, das Gleiche an einem anderen Ort zu wiederholen. Aber der Geist, der dort herrscht, färbt ab und beflügelt den eigenen Entwurf. Natürlich habe ich mir dort die Frage gestellt, was macht solche Plätze aus? Wodurch ist die Architektur gekennzeichnet, die den Platzrand bildet? Meistens handelt es sich in den spanischen Städten um rechteckige Plätze, die bis auf einen Brunnen in der Mitte völlig frei sind. Am Rand befinden sich dann häufig Restaurants, die je nach Jahreszeit und Stand der Sonne im Tagesverlauf besetzt sind – oder eben auch nicht. Manche Platzränder verfügen auch über Arkaden, die Schatten spenden, was Brandt in seiner Idee des Platzes aufgegriffen hat. Das alles hat uns dazu bewogen, das Konzept anzunehmen, das er sich vorgestellt hat, und mit Leben zu füllen. Dabei haben wir aus der eigenen Anschauung ein Stück Architektur gemacht.

Tietz   Wobei die Hochschule im Inneren ja eher skandinavische Züge trägt, mit der Treppe als Himmelsleiter und den Kugelleuchten.

Winking   Das stimmt schon. Aber das eine ist das Äußere und das andere ist das Innere. Unterschiede schließen sich da nicht aus. Konzeptionell entsteht jetzt etwas ganz Ähnliches mit unserem Entwurf für Heidelberg. Dort haben wir den zentralen Platz für einen neuen Stadtteil, die Bahnstadt, entworfen. Er wird von Häusern mit einer Kolonnade eingefasst, die der Logik dieses neuen Platzes gehorcht und dem Duktus, den wir vorgeschlagen haben.

our guide, and he helped us immerse ourselves in the city and get to know and understand it better.

    Another good example of our work is the Alice Salomon University in Berlin-Hellersdorf. The urban design concept by Andreas Brandt and Rudolph Böttcher envisaged the creation of a square in the Spanish style: a Plaza Mayor. So my wife and I embarked on a tour of Spanish squares and visited Madrid, Barcelona and Salamanca. If you've ever experienced the Plaza Mayor in Salamanca, you'll know that it is a magnificent experience that stays with you and has a lasting influence. That doesn't mean you try and replicate it elsewhere – but the atmosphere, the spirit of the place, rubs off on you and inspires your work. While I was there, I of course wanted to know what makes spaces like these so characteristic? How does the architecture define the space? Most Spanish cities have rectangular squares that are completely open except for a fountain in the middle. Around them are restaurants that, depending on the season or time of day, are teeming with people – or with none at all. Sometimes an arcade runs around the square, providing shade from the intense heat. Brandt picked up on this idea for the square's design, and it resonated with us. We adopted his concept and filled it with life. In the process, we made a piece of architecture that derives from our own experience and perspective.

Tietz   … although the interior of the university building has a more Scandinavian feel, with its staircase ascending skywards and the globe lights.

Winking   That is true. But the outside is one aspect, the inside another – although the two are not mutually exclusive. Conceptually, one can see a similar situation emerging in Heidelberg, where we designed a central square for the new Bahnstadt district. It is surrounded by buildings with colonnades that follow the logic of this new square and adopt an architectural vocabulary based on our proposals.

Tietz   Once you have gained an understanding of the place and the task at hand, how do you then proceed?

Winking   We look at the programme of spaces and functions, and try to organise it. Depending on how complex it is, it may be possible to allocate functions in the sketches already produced. Or one can take another approach – one that Godber Nissen stringently applied in his teaching – and define spaces based on a diagram of functions, their space requirements, and which aspects belong together, and then fill in the remaining spaces in a meaningful way. While somewhat schematic, it is ultimately a sensible approach – especially when dealing with a comprehensive programme of spaces. My partner Martin Froh is excellent at finding good spatial solutions for complex-use programmes.

Concept and design

Tietz Wenn Sie diese erste Phase der Annäherung an Ort und Aufgabe durchlaufen haben, wie geht die Arbeit dann weiter?

Winking Man nimmt sich das Raumprogramm des Projektes vor und versucht, es zu ordnen. Je nachdem wie umfangreich es ist, kann man versuchen, die Nutzungen schon einmal anhand der eigenen Skizzen zu verteilen. Man kann natürlich auch einen anderen Weg gehen. Godber Nissen hat das in seiner Gebäudelehre ganz streng gemacht. Er hat das Raumprogramm anhand eines Flächenfunktionsplanes zugeordnet, je nachdem, welche Dinge zusammengehören, um anschließend die übrigen Flächen sinnhaft aufzufüllen. Das ist zwar eine sehr schematische, aber letztlich sinnvolle Annäherung. Vor allem, um ein großes Programm zu durchdringen. Mein Partner Martin Froh beherrscht es ausgezeichnet, solche komplexen Programme gut unterzubringen.

Alle diese unterschiedlichen Aspekte bringen wir dann in eine Form, damit sie gut zusammenpassen. Gleichzeitig arbeiten wir an dem architektonischen Ausdruck weiter. Natürlich passiert es auch immer mal wieder, dass wir etwas verwerfen, dass Dinge umgedreht oder ausgetauscht werden. Es handelt sich schließlich um einen Entwurfsprozess, bei dem wir uns an die beste Lösung herantasten. Am Ende sind wir deshalb von unseren eigenen Entwürfen völlig überzeugt, weil wir sie uns Stück für Stück erarbeitet haben. Das bedeutet allerdings leider noch nicht, dass eine Wettbewerbsjury der gleichen Auffassung ist. Martin Froh hat kürzlich für Flensburg einen sehr schönen Entwurf für eine Schule mit weit herabgezogenen Dächern gezeichnet. Wunderbar. Leider konnten wir die Jury davon nicht überzeugen. Trotzdem bleibt es ein guter Entwurf.

Tietz Sie beschreiben sehr anschaulich Ihr deduktives Verfahren des Herleitens und Herantastens. Kann es passieren, dass Sie an irgendeiner Stelle sagen: „Stopp, wir müssen noch einmal neu einsteigen"?

Winking Natürlich, auch das kann passieren. Aber glücklicherweise passiert es nur sehr, sehr selten.

Tietz Denken Sie bei Ihren Projekten immer ganz geradlinig auf eine bestimmte Lösung hin oder arbeiten Sie eher mit Varianten?

Winking Wir arbeiten zu Anfang immer in Varianten. Also wenn beispielsweise bei Martin Froh in Berlin ein Entwurf für ein Projekt gemacht wird, dann sind es immer vier, fünf Varianten, die er mir nach Hamburg schickt. Darüber diskutieren wir dann intensiv miteinander. Das ist sehr hilfreich, denn wir sind darin sehr geübt.

Tietz Ab wann beziehen Sie Modelle in Ihre Überlegungen ein?

Winking Das geschieht sehr frühzeitig. Besonders wenn ein Projekt nicht auf der grünen Wiese entsteht, sondern in einem vorhandenen baulichen

We then bring all these different aspects together in a form so that they fit together well, and at the same time we continue to develop an architectural expression. From time to time, we may turn or swap things around – or even discard an idea entirely. Design is, after all, a process of successively iterating towards an optimal solution. In the end, we are absolutely convinced of the resulting solution because we have worked it out piece by piece. Unfortunately, that doesn't mean a competition jury is always of the same opinion. Martin Froh recently drew up a beautiful design for a school in Flensburg with broad, sloping roofs. It was wonderful but we couldn't convince the jury. Nevertheless, it remains a good design.

Tietz   You describe quite vividly the deductive process of inferring and closing in on a solution. But do you ever reach a point at which you decide it doesn't work and you need to start over?

Winking   Of course, that can happen too. But fortunately it happens very, very rarely.

Tietz   When developing a design, do you typically work in a linear process towards a specific solution, or do you tend to work with variants?

Winking   To begin with, we always work with variants. For example, when Martin Froh in Berlin develops an initial proposal for a project, he always sends four or five variants to me in Hamburg. We then discuss them in detail between us. That is always very useful, and we are well practised at it.

Tietz   At what point do you start working with models to explore your designs?

Winking   That happens very early on – especially when a project is being built not on a greenfield site but in an existing, built context. We then use the model to experiment with fitting the building mass into its surroundings. Over the years, however, one becomes more adept at imagining how something will look and whether it will work in its context.

Martin Froh   When designing, we think of our buildings in spatial terms right from the beginning. We began supplementing traditional model building with computer visualisations of 3D models, and this has since become standard practice. We pioneered this much earlier than many offices, and the possibilities it offers have also made us more willing to experiment. Sculptural approaches, which play an important role in our current work, are often created by computer rather than using a working model – as can be seen, for example, in our project for a bridge over the Ziegelsee in Schwerin.

Concept and design

Gefüge. Dann fügen wir die neuen Baumassen relativ schnell in ihren Zusammenhang ein. Aber natürlich hat man sich über die Jahre auch eine gewisse Vorstellungskraft erworben, wie etwas aussehen kann und ob es funktioniert.

Martin Froh Wenn wir entwerfen, denken wir unsere Gebäude von vorneherein räumlich. Zunehmend wurde der klassische Modellbau bei uns durch die Visualisierung am Computer mit 3D-Modellen als Standard ergänzt. Schon viel früher als andere Büros waren wir Vorreiter darin. Die neuen Möglichkeiten haben uns auch experimentierfreudiger gemacht. Skulpturale Ansätze, die heute noch ein wichtiges Thema unserer Entwürfe sind, entstanden zum Beispiel im Fall der Brücke über den Ziegelsee in Schwerin am Computer und nicht am Arbeitsmodell.

Tietz Wie eng folgen Sie den Vorgaben einer Ausschreibung, wenn Sie ein Projekt entwickeln?

Winking Aus dem Wissen heraus, das wir uns mit den Jahren erarbeitet haben, kann es gelegentlich zu Entscheidungen kommen, bei denen wir bewusst gegen die Ausschreibung des Wettbewerbs arbeiten, weil wir der Überzeugung sind, dass unsere Idee zu einer noch besseren Lösung führt. Aber da muss das Preisgericht mitspielen.

Tietz Das heißt, sie gehen um der Sache willen ein Risiko ein, um zu einer besseren Lösung zu gelangen?

Winking Ja, das passiert manchmal. Ein Beispiel ist die Erweiterung des Kreishauses in Husum. Dort sollten Alt- und Neubau durch eine Brücke miteinander verbunden werden. Martin Froh hat diese Verbindung aber als einen kräftigen eigenständigen Baukörper aufgefasst, ein wenig so wie beim Bauhaus in Dessau. Jetzt wird es einen Verbindungsbau geben, aber keine Brücke im eigentlichen Sinn. Das Projekt hat dadurch gegenüber der ursprünglichen Ausschreibung deutlich gewonnen.

Tietz Wie geht es anschließend weiter? Wann setzen Sie sich mit den Fragen des Materials und der Nachhaltigkeit auseinander?

Winking Beide bilden von Anfang an wichtige Bestandteile unserer Arbeit und laufen parallel zum Prozess des Entwurfs. Die Materialität ist latent immer schon vorhanden, selbst wenn man sie noch nicht im Detail ausformuliert hat. An manchen Orten wird man grundsätzlich eher mit Ziegel arbeiten, in Hamburg etwa. An anderen Orten wird man das nicht tun, wie beispielsweise in Heidelberg, sondern mit Naturstein, also einem Baustoff, der dort über eine eigene Tradition verfügt und zudem vor Ort ansteht.

Tietz — How closely do you follow a competition brief when developing a project?

Winking — Based on the knowledge we have acquired over the years, there are occasionally situations when we consciously decide not to adhere to the stipulations of the competition brief because we are convinced that our idea could lead to a better solution. It then depends on whether the jury will entertain the suggestion.

Tietz — So, you take a risk in the interests of achieving a better solution?

Winking — Yes, that happens sometimes. A case in point is the extension to the district hall in Husum. The brief envisaged a bridge connecting the old building and new extension. Martin Froh, however, proposed that this connector could be a strong, independent structure – rather like in the Bauhaus building in Dessau. The realised design will now feature a connecting building rather than just a bridge, and the project has gained significantly as a result.

Tietz — How do you proceed from there? When do you start considering aspects such as materials and sustainability?

Winking — Both are important aspects of our work and inform our designs from the very beginning, parallel to the actual process of designing. Material characteristics are an aspect that is always present, even when not explicitly formulated in detail. In some locations, for example in Hamburg, one knows that brick will probably feature. In other places, such as Heidelberg, that is not appropriate and it is more likely that a building will be made, say, of stone that is local to the region and is traditional there.

Tietz — An approach that was common in architecture through the ages …

Winking — … of course: one built with what was available locally. As such, you will rarely find buildings made of brick in South Germany. For the extension to the district hall in Husum, for example, Martin Froh and I thought long and hard about the appropriate material. We decided on brick, but with what the Danes call a "schmear coat": a light-slurry render wash applied over the bricks. That fits well in Husum.

Tietz — What role does an office signature or attitude play in your projects?

Winking — Both play a major role. Our work bears a certain signature as a matter of course. But we also know that a brick building requires a different treatment from a building with large surfaces of smooth render. More important than having a superficial signature style is the fundamental attitude we have towards the place in which we build; the building task at hand; its programme; and, of course, our client.

Tietz Ein Vorgehen, das ja in der Baugeschichte immer üblich war …

Winking … natürlich nimmt man immer das zum Bauen, was vor Ort bereits vorhanden ist. Also wird man nicht ohne Weiteres in Süddeutschland mit Klinker bauen. Bei der Erweiterung des Kreishauses in Husum haben Martin Froh und ich uns beispielsweise lange über das angemessene Material Gedanken gemacht. Wir haben uns dann zwar für Ziegel entschieden, aber wir haben gesagt, wir „rappen" die Ziegel, also wir ziehen mit dem Quast eine leichte Schlemme darüber. In Dänemark wird das häufig gemacht. Und das passt sehr gut zu Husum.

Tietz Welche Rolle spielen Handschrift und Haltung bei Ihren Projekten?

Winking Beide spielen natürlich eine große Rolle, wobei unsere Handschrift immanent vorhanden ist. Dabei ist uns natürlich auch klar, dass ein Ziegelbauwerk immer eine etwas andere Behandlung benötigt als ein flächiges, verputztes Gebäude. Wichtiger als eine vordergründige Handschrift ist uns unsere grundsätzliche Haltung, sowohl gegenüber dem Ort, an dem wir bauen, der Bauaufgabe, ihrem Programm, aber natürlich auch unserem Bauherrn.

BLICK ÜBER DIE DÄCHER / VIEW OVER THE ROOFTOPS

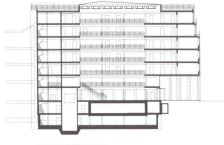

SCHNITT / SECTION

ATRIUM MIT ZENTRALER KASSENHALLE / ATRIUM WITH CENTRAL CASHIER HALL

HypoVereinsbank

Das Bankgebäude entwickelt im räumlichen Zusammenklang mit einer Gesellschaft selbstbewusster Häuser unterschiedlicher Epochen eine eigene Qualität, ohne seine Nachbarn zu dominieren. Der Kopfbau antwortet dabei mit Doppelarkade und Eingangsloggia auf die Umgebung. Nach oben hin wird das Haus durch eine doppelte Staffel abgeschlossen. Die sandfarbene Fassade besteht aus einer Terrakotta-Vormauerschale, die Fenster aus nichtrostendem Stahl. Ein verglastes Atrium nimmt die zentrale Kassenhalle auf.

The bank stands amidst a cluster of prominent buildings from different eras and asserts a presence of its own without dominating its neighbours. At the front of the building, a double-height arcade and entrance loggia respond to the surroundings while the top two storeys step back to reduce the building's mass. The façades are clad with sand-coloured terracotta punctuated by stainless steel-framed windows. Within the building, a glazed atrium tops the cashier hall.

Prag, Tschechische Republik
Projektart: Wettbewerb 1995, 1. Preis
Bauherr: HypoVereinsbank-Reality s.r.o, Prag
BGF: 5.800 m²
Bauzeit: 1996–1999

Prague, Czech Republic
Project type: Competition 1995, 1st prize
Client: HypoVereinsbank-Reality s.r.o, Prague
GFA: 5,800 m²
Construction period: 1996–1999

LAGEPLAN / SITE PLAN

KUBUS / CUBE

SCHNITT / SECTION

TREPPE / STAIRCASE

EINGANG / ENTRANCE

Museum für Botanik / Museum of Botany

Loki-Schmidt-Haus

Der dreigeschossige, mit blauen Keramikfliesen verkleidete Kubus im Botanischen Garten nimmt eine bereits 1870 gegründete Sammlung auf. Sie ist ein fester Bestandteil der Hamburger Geschichte und gibt Auskunft über die diversen Handelsbeziehungen der Hamburger Kaufleute und Reedereien. Neben Räumen für die Sammlung entsteht Platz für Ausstellungen zu den Themen Nutzpflanzen und Biodiversität. Alle drei Geschosse sind über einläufige Treppen an einem großzügigen Luftraum, in dessen Mitte die neun Meter hohe Würgefeige steht, verbunden.

The three-storey cube clad in blue ceramic tiles stands in Hamburg's Botanical Garden, and is home to a botanical collection originally founded in 1870. An integral part of the history of Hamburg, it tells of the variety of trade relations that the city's merchant and shipping companies maintained. Alongside the permanent collection, the new museum hosts temporary exhibitions on cultivated plants and crops and on biodiversity. An open atrium surrounded by three single-flight stairs links the three storeys; in its centre stands a nine-metre-high strangler fig.

Hamburg, Deutschland
Projektart: Direktauftrag
Bauherr: Freie und Hansestadt Hamburg
BGF: 460 m²
Bauzeit: 2004–2007

Hamburg, Germany
Project type: Direct commission
Client: Free and Hanseatic City of Hamburg
GFA: 460 m²
Construction period: 2004–2007

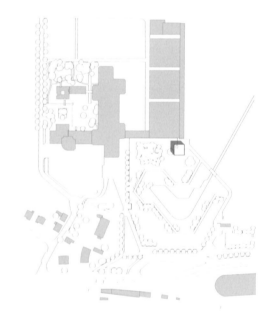

LAGEPLAN / SITE PLAN

EINGANG / ENTRANCE

FASSADE AN DER BAHNHOFSTRASSE / FAÇADE ON BAHNHOFSTRASSE

Polizeiinspektion Cloppenburg
Cloppenburg Police Station

Der viergeschossige Erweiterungsbau verleiht der gesamten Polizeiinspektion eine stärkere Präsenz, indem er sich selbstbewusst zur Bahnhofstraße ausrichtet. Der bestehende Haupteingang bleibt erhalten und signalisiert seine Lage mit Vordach und Beschriftung. Die Eingangsecke schafft, zusammen mit der Rückstaffelung zur Kirche St. Augustinus, einen spannungsreichen Wechsel im Volumen des Neubaus. In der Außenwahrnehmung unterstützt die gleichmäßige Fassadeneinteilung die kubische Gesamtform. Der rote Bockhorner Ziegel der Fassaden nimmt die Farbigkeit der Bestandsbauten auf und schreibt sie fort.

The four-storey extension lends the police station as a whole a stronger, more self-assured presence along the Bahnhofstrasse. A new canopy and accompanying lettering signal the location of the main entrance, which was retained, and the combination of corner canopy, building mass and the tower of St Augustine's Church behind creates an interesting play of staggered planes and volumes. The regular pattern of windows underlines the rectilinear form of the building, and its red Bockhorn-brick facing picks up and continues the colours of its surroundings.

Cloppenburg, Deutschland
Projektart: VOF-Verfahren
Bauherr: Staatliches Baumanagement
Osnabrück-Emsland
BGF: Neubau 3.145 m²
Bauzeit: Neubau 2016–2017, Bestand 2015–2016

Cloppenburg, Germany
Project type: Public tendering process
Client: State Construction Management
Osnabrück-Emsland
GFA: New building 3,145 m²
Construction period: New building 2016–2017, existing building 2015–2016

LAGEPLAN / SITE PLAN

HAUPTGEBÄUDE UND ATELIERHAUS / MAIN BUILDING AND ARTISTS' STUDIOS

Hochschule für bildende Künste Hamburg /
HFBK University of Fine Arts

Atelierhaus

Das neue Atelierhaus der HFBK entsteht als freistehender Kubus neben dem Hauptgebäude von Fritz Schumacher aus dem Jahre 1913. Das Erdgeschoss beherbergt drei Ausstellungsräume, während in den Obergeschossen zwölf Ateliers für Studierende angeordnet sind. Eine zentrale viergeschossige Halle mit großem Luftraum dient der Erschließung und Kommunikation zwischen den Studierenden. Eine Klinkerfassade überzieht den Kubus wie ein Gewebe. In ihrer Schichtung erzeugen die gegenläufig angeordneten, schrägen Fensterleibungen der bodentiefen Fenster ein spannungsreiches Bild.

The new Atelierhaus for the HFBK contains artists' studios in a freestanding cube next to Fritz Schumacher's main building, designed in 1913. Three exhibition spaces on the ground floor complement the twelve studios for students on the floors above. In the centre of the building, a four-storey open hall serves as the stairwell and circulation hub. The entire building is faced with a brick skin that wraps, fabric-like, into the broad splayed reveals of the floor-to-ceiling windows – resulting in a sculptural form, rich in tension.

Hamburg, Deutschland
Projektart: Wettbewerb 2016, 1. Preis
Bauherr: Sprinkenhof GmbH
BGF: 3.000 m²
Bauzeit: 2020–2021

Hamburg, Germany
Project type: Competition 2016, 1st prize
Client: Sprinkenhof GmbH
GFA: 3,000 m²
Construction period: 2020–2021

LAGEPLAN / SITE PLAN

ANSICHT VOM BUTTERMARKT / VIEW FROM BUTTERMARKT

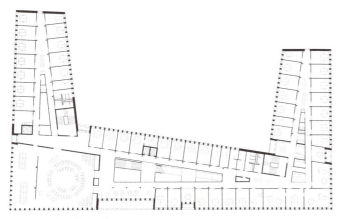

GRUNDRISS / FLOOR PLAN

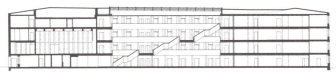

SCHNITT / SECTION

Rathaus Elmshorn
Elmshorn Town Hall

Mit dem geplanten Neubau am Buttermarkt erhält das Entwicklungsgebiet Vorstegen ein Gesicht zu der Stadt. Die Gliederung des Baukörpers wird durch die Verteilung der verschiedenen Nutzungsbereiche bestimmt, die so nach außen sichtbar gemacht werden. Mit einem Wechsel aus filigranem Ziegelraster vor den Bürobereichen und ruhigen geschlossenen Flächen vor den Sondernutzungen entsteht ein spannungsvoller Kontrast, der sich in Formsprache und Materialität der Region wie auch der Moderne verhaftet zeigt.

The new town hall on the Buttermarkt provides the Vorstegen development area with a public face. The distribution of functions determines the building's structure and is made legible on the exterior: grids of slender openings in the brick façade denote office areas with even, unbroken surfaces marking the specific functions. This alternation creates a dynamic impression that, in its formal expression and materiality, is both modernist and characteristic of the region.

Elmshorn, Deutschland
Projektart: Wettbewerb 2017, 1. Preis
Bauherr: Stadt Elmshorn
BGF: 11.500 m²
Bauzeit: 2023–2026

Elmshorn, Germany
Project type: Competition 2017, 1st prize
Client: Town of Elmshorn
GFA: 11,500 m²
Construction period: 2023–2026

LAGEPLAN / SITE PLAN

EINGANG MARKTSTRASSE / ENTRANCE FROM MARKTSTRASSE

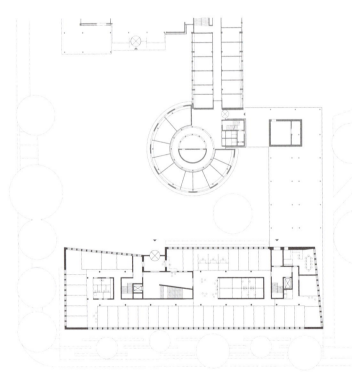

GRUNRISS / FLOOR PLAN

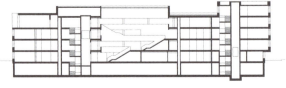

SCHNITT / SECTION

Erweiterung / Extension

Kreishaus Husum
Husum District Hall

Der doppelt abgewinkelte Erweiterungsbau knüpft hinter der Rotunde des Kreishauses am bestehenden Erschließungskern an und erweitert so die Büronutzungen auf vier Ebenen. Zum Campuspark im Osten schafft der Neubau eine klare Raumkante und zur Marktstraße einen städtischen Platz. Durch seine große Öffnung im Erdgeschoss verbindet er den neuen Campus zwischen Stadtpark und Schlosspark mit dem gepflasterten Eingangsplatz. Der Einschnitt im Erdgeschoss am Platz markiert den Eingang in die tagesbelichtete, viergeschossige Halle.

The L-shaped extension to the administration building links up with the circulation core of the existing building behind the rotunda of the district hall and provides four levels of new offices. The new building delineates the edge of the campus park to the east and frames an urban square towards the Marktstrasse, while at the same time providing a ground-level connection between the Stadtpark and Schlosspark via its paved entrance square. A cut-out in the façade at ground level marks the entrance to the four-storey, naturally illuminated atrium.

Husum, Deutschland
Projektart: Zweiphasiger Wettbewerb 2019, 1. Preis
Bauherr: Kreis Nordfriesland
BGF: 8.750 m²
Bauzeit: 2022–2024

Husum, Germany
Project type: Two-phase competition 2019, 1st prize
Client: District of Nordfriesland
GFA: 8,750 m²
Construction period: 2022–2024

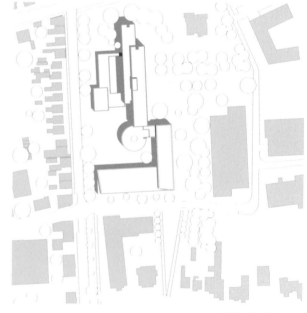

LAGEPLAN / SITE PLAN

„Qualität besteht darin, dass sich neue Räume eröffnen"

Städte bauen

2008 Revitalisierung Spiegel-Insel – Hamburg Heights, Hamburg, Deutschland
2008 Spiegel-Insel Revitalisation – Hamburg Heights, Hamburg, Germany

2012 Oversea Creative Park, Hangzhou, China
2012 Oversea Creative Park, Hangzhou, China

"Quality arises through the emergence of new kinds of spaces"

Building cities

2016 Masterplan
Ledward Barracks,
Schweinfurt,
Deutschland
2016 Ledward
Barracks Masterplan,
Schweinfurt, Germany

2016 Quartier am
Blumenwisch,
Verden, Deutschland
2016 Am Blumenwisch
Quarter,
Verden, Germany

2018 Quartier am
Europaplatz, Heidelberg,
Deutschland
2018 Europaplatz
Quarter,
Heidelberg, Germany

2020 Alanbrooke-
Quartier, Paderborn,
Deutschland
2020 Alanbrooke
Quarter,
Paderborn, Germany

Tietz Städtebauliche Konzepte nehmen in Ihrer Arbeit eine zentrale Rolle ein. Bedeutende Beispiele dafür sind Ihre Weiterentwicklung der Spiegel-Insel in Hamburg, aber auch die neuen Ortszentren in Heidelberg oder Verden an der Aller. Was sind Ihre Qualitätskriterien für die Stadträume, die Sie entwickeln?

Winking Nehmen wir das Beispiel der Spiegel-Insel. Nachdem die Nutzung der beiden Hochhäuser aufgegeben wurde, zuerst beim IBM-, dann beim Spiegel-Hochhaus, stellte sich die Frage, wie geht man mit dem ganzen Areal um. Beide Hochhäuser stehen zu Recht unter Denkmalschutz und müssen unbedingt erhalten bleiben. Daraufhin war zu untersuchen, ob man den fließenden Raum mit den Punkthäusern und den begleitenden niedrigeren Gebäuden fortführt, in denen sich das Archiv befand und die berühmte Spiegel-Kantine, die jetzt im Hamburger Museum für Kunst und Gewerbe zu sehen ist.

Die Spiegel-Insel, das war ein Beispiel für die Klassische Moderne aus Amerika, inspiriert von Mies van der Rohe. Dort gibt es die Idee, dass man der Stadt einen kleinen Platz gibt und dafür höher bauen kann. Das berühmteste Beispiel ist sicherlich Mies' Seagram Building in New York, das in Werner Kallmorgens Entwurf für die Spiegel-Insel nachklingt. Allerdings war die Rückseite der Spiegel-Insel zum Zollkanal nie wirklich gelungen. Dort entstand kein definierter, kein geordneter Raum. Wir haben daher in Alternativen überlegt, den fließenden Raum fortzuführen, und anstelle der niedrigeren Bauten neue Hochhäuser hinzugefügt. Immer noch etwas niedriger als das Spiegel-Hochhaus, aber schon hoch. Das war das Ergebnis eines langen Diskussionsprozesses, an dem unser Bauherr und die Stadt intensiv mitwirkten.

Tietz Was würden Sie als die besondere Qualität bezeichnen, die dabei auf der Spiegel-Insel entstanden ist?

Winking Die Qualität besteht darin, dass neue Räume entstanden sind, die auch für Fußgänger gut erlebbar sind. Diese Wege hat es vorher schon gegeben, aber eben nicht in dieser räumlichen Qualität, gefasst durch Neubauten. Es sind achtgeschossige Häuser, die alle mehr oder weniger dasselbe Gesicht zeigen, auch wenn sich ihre Nutzungen unterscheiden. Höhe und Erscheinungsbild gehen auf eine Vereinbarung mit der Denkmalpflege zurück. Wir waren gemeinsam der Meinung, dass dieses Vorgehen die Wirkung der vorhandenen Bauten steigern würde. Auf der Spiegel-Insel haben wir übrigens sehr intensiv mit Modellen aus Holz gearbeitet.

Tietz Was macht denn die besondere Qualität eines Holzmodells aus?

Winking Ein Holzmodell ist ganz wunderbar. Es ist zwar einerseits abstrakt, aber andererseits anschaulicher als ein einfaches weißes Modell aus Pappe. Es fasst sich gut an, besitzt eine schöne Maserung. Ein

Tietz   Urban planning concepts are a key area of your work. Some prominent examples of this are to be found in your designs for the development of the Spiegel-Insel in Hamburg, or for the district centres in Heidelberg and Verden an der Aller. What quality criteria do your designs for urban spaces have to fulfil?

Winking   Spiegel-Insel is a good example. After first the IBM tower and then the Spiegel tower were vacated, the question was what should be done with the site as a whole on the island. Both high-rises are now listed buildings and should most definitely be retained, so the question shifted to whether to continue the concept of flowing urban space set up by the towers and their associated low-rise buildings, which once housed the archive and the famous Spiegel canteen – now added to Hamburg's Museum of Arts and Crafts.

Spiegel-Insel is an example of classical American modernism, and the Miesian tradition in particular. Part of this was the idea that by creating a public plaza on part of the site, one could build higher on the rest. Probably the most famous example of this is Mies's Seagram Building in New York, and one can see echoes of that in Werner Kallmorgen's original design for Spiegel-Insel. But the reverse side facing the Zollkanal was never really successful, and the space lacked definition and order. We thought of alternative ways of continuing the idea of flowing space, and rather than low-rise buildings we proposed adding new high-rises. They are somewhat smaller than the Spiegel tower, but still unmistakably high buildings. All this was the result of a lengthy process of discussion that also involved the client and the city.

Tietz   How would you describe the quality of space that has emerged on Spiegel-Insel as a result of this process?

Winking   A key quality of the new spaces created there is that they are now much more tangible for pedestrians. The routes and pathways existed before but lacked the spatial definition that the new insertions now provide. The new buildings have eight storeys and look more or less the same on all sides, even though they are used differently. Their height and appearance are the product of consultations with the conservation authorities, and were chosen to complement and enhance the qualities of the existing buildings. Incidentally, for this particular project, we worked intensively with scale models made of wood.

Tietz   What is special about working with a wooden model?

Winking   A wooden model has wonderful qualities. On the one hand it is abstract, but on the other hand more evocative than a simple white-card model. It's pleasant to the touch and has a beautiful grain. A wooden model is perhaps comparable with the models held by church founders in medieval paintings: they too have an exquisite quality about them. It's not something you throw away, or chop off a corner as you might

Holzmodell ist vergleichbar mit jenen Modellen, die die Stifter einer Kirche auf mittelalterlichen Gemälden in der Hand halten. Auch das sind Modelle, die über eine Qualität verfügen mussten. Ein solches Modell wirft man nicht einfach weg oder schneidet ein Stück ab, wie man es bei einem Pappmodell machen würde. In China haben wir beispielsweise den Wettbewerb für einen Golfplatz mit Hotel und Wohnungen in Dalian gewonnen. Das Holzmodell, das wir dafür gebaut haben, war so groß und schwer, dass ich meinen Koffer gar nicht mehr tragen konnte! Aber es hat sich gelohnt. Das Preisgericht, das aus lauter Hochschullehrern bestand, war fasziniert von unserem Holzmodell. Wir haben tatsächlich mit Abstand den ersten Preis errungen und ich denke, dass das auch ein wenig an unserem Modell gelegen hat.

Tietz   Mit der neuen Spiegel-Insel ist einer der großstädtischsten Räume in Hamburg entstanden. Gibt sie damit ein Vorbild für den Umgang mit städtischen Räumen ab, die aus Alt und Neu komponiert werden?

Winking   Unbedingt. Eine Behauptung von mir lautete ja, dass durch unsere Intervention ein sehr schöner Raum entsteht. Das haben wir eingelöst. Fußgänger, die zur HafenCity wollen, durchqueren das Quartier und gehen nicht an der Ost-West-Straße entlang. Das Zerrissene des fließenden Raums ist aufgefangen worden. Wir schaffen nach außen eine neue Situation, indem wir im Grunde genommen das abrunden, was der fließende Raum nicht schaffen konnte und auch nicht wollte. Zudem fügen wir dadurch dem Inneren des Quartiers eine völlig neue Aufenthaltsqualität hinzu.

Tietz   Inwieweit verfügen Ihre Entwürfe für die Stadtquartiere in Heidelberg und Verden an der Aller ebenfalls über eine Allgemeingültigkeit, die auch auf andere Orte übertragen werden könnte?

Winking   Verden ist eine sehr geschichtsreiche Stadt. Sie wurde von Karl dem Großen gegründet. Einerseits ist es eine Bischofsstadt und andererseits eine Bürgerstadt. Beides ist bis heute an der Stadt unmittelbar abzulesen. Unsere Aufgabe war es, diese Bürgerstadt im Norden, entlang der ehemaligen Stadtbefestigung und der Aller, zu arrondieren. Dafür haben wir das für Verden typische Motiv der Stiegen aufgenommen, der schmalen mittelalterlichen Gässchen, und einen Platz zum angrenzenden Allerpark und dem Fluss ausgebildet. Dieses System des Verlaufs von Straßen oder Stiegen, die sich an der Aller orientieren, war uns bei unserer Analyse des Stadtplans aufgefallen. Wir haben es daher in unserem Entwurf aufgegriffen und in eine neue Form übertragen. Dabei zeigt sich, dass die Aller künftig eine wichtige Rolle spielen kann. Unser Entwurf sieht einen Wechsel zwischen den Plätzen vor, zwischen die wir die neue Bebauung spannen, die nicht sehr hoch sein wird. Diese neue Bebauung verfügt über einen Mittelpunkt, einen kleineren Platz. Darin drückt sich ebenfalls die

with a cardboard model. In China, we won a competition for a golf course with a hotel and flats in Dalian. The wooden model we built was so large and heavy that I couldn't carry it in my suitcase! But it was, I think, crucial. The jury, all of them university teachers, were fascinated by our wooden model, and we were awarded first prize by a large margin. I like to think that our model played a role in conveying the qualities of our design to the jury.

Tietz   The new Spiegel-Insel is one of the most metropolitan spaces in Hamburg. Can it serve as a prototype for ways in which to design urban spaces comprising old and new?

Winking   Absolutely. One of my assertions at the time was that our intervention would produce a space with attractive urban qualities – and that has come true. Pedestrians heading for HafenCity now cross through the quarter rather than taking the Ost-West-Strasse. The previously disjointed nature of the flowing space has been channelled. By giving definition to the formerly unrestricted flow of space, we created a new urban situation and at the same time introduced a new quality of urban life to the interior of the local quarter.

Tietz   To what extent do your designs for the urban quarters in Heidelberg and Verden have exemplary qualities that could apply to other places?

Winking   Verden is a town with a rich history. Founded by Charlemagne, one section of it was a bishopric and another the burgher's town, and this division is still clearly legible in the urban fabric. Our task was to complete the northern end of the borough bounded by the course of the former fortifications and the River Aller. For the design, we drew on a typical motif of Verden, the narrow steps and alleyways of the medieval town, and created a new square adjoining the Allerpark and the river. This pattern of streets and steps leading towards the river quickly became apparent from our analysis of the urban plan, and we picked it up in our design and translated it into a new form. The Aller can therefore continue to play a central role in future. Our design strings together different urban spaces, arranging the new, not-very-high buildings between them. In the centre of the new development is a smaller square that likewise references similar spaces in the existing town but, rather than recreating their historical characteristics, reinterprets them with contemporary means. The result is a high- but not maximum-density development. For density to be experienced as an urban quality, it is crucial that the buildings relate to one another, creating urban space. This same approach can be seen in many of our projects despite their quite different characters – for example on Spiegel-Insel, at Europaplatz in Heidelberg, in Verden and Bad Segeberg as well as our residential Stralauer Platz project alongside Berlin's River Spree.

Erinnerung an die vorhandene Stadt aus, die jedoch nicht historisierend nachgebaut, sondern mit den Mitteln von heute gestaltet wird. Dadurch entsteht eine hohe, aber keine maximale Dichte. Damit Dichte als qualitätsvoll erfahren wird, ist es von zentraler Bedeutung, wie die Bauten zueinander stehen und welche Räume dabei entstehen. Das zeigt sich bei ganz unterschiedlichen Projekten wie der Spiegel-Insel, beim Europaplatz in Heidelberg oder eben in Verden, aber auch in Bad Segeberg oder unserer Wohnbebauung Stralauer Platz an der Spree.

Tietz Was macht für Sie eigentlich Stadt aus? Was braucht Stadt in Ihren Augen heute? Worin unterscheidet sie sich von dem, was sie war, und wie muss sie für morgen gestaltet werden?

Winking Mir fällt immer auf, dass es im Süden und vor allem in Spanien, wo ich mich sehr gerne aufhalte, mit einfachen Mitteln gelingt, fünf, sechs oder zehn Häuser so zusammenzustellen, dass dadurch ein Stück Stadt entsteht. Dagegen können Sie bei uns fünftausend Häuser nehmen und es entsteht dennoch keine Stadt. So etwas studieren wir natürlich. Wir versuchen zu verstehen, warum es dort gelingt, mit so wenig Material ein wunderbares Stück Stadt zu schaffen. Unsere Versuche, unsere Erkenntnisse ins Hier und Heute zu übersetzen, schlagen sich dann in Projekten wie der Spiegel-Insel, Heidelberg oder in Verden nieder. In Verden war das tatsächlich gar nicht so schwierig. Dort waren in der alten Stadt die Vorbilder vorhanden, die wir aufgreifen und verwenden konnten. Auf der Spiegel-Insel ist das Stück Stadt durch das Zusammenfügen der alten und neuen Teile entstanden. Eine wichtige Rolle spielt dabei natürlich der Verkehr. Neben der Spiegel-Insel gibt es die Altstadt und eine U-Bahn-Station. Von dort kommen die Menschen in Richtung Spiegel-Insel. Und dann gibt es ein Ziel für die Leute: Das ist die HafenCity. Weil sie von hier nach dort wollen, wählen sie den für sich interessantesten Weg aus, der sie dorthin bringt, und der führt sie heute durch das neue Stadtstück der Spiegel-Insel. Es ist immer einfacher, dort Stadt neu und weiterzubauen, wo sie bereits von bedeutenden städtischen Räumen eingefasst wird. Ich bin davon überzeugt, dass es sich bei solchen bewussten Bezugnahmen auf das Vorhandene um Grundprinzipien für einen angemessenen Umgang mit der Stadt, ihren Gebäuden und deren weitere Entwicklung handelt.

Tietz   What constitutes the city in your eyes? What do you think it needs in the present day? How does that differ from what it was, and what form should it take in future?

Winking   I'm always amazed that in southern European countries – and especially in Spain, which I visit often – one is able to construct a piece of city out of five, six or perhaps ten houses pieced together with the simplest of means. In Germany, one can build five thousand homes and still not have anything approaching the same quality of city. That's something we're constantly striving to achieve: How does one create a wonderful piece of city with so few means? Our attempts to translate our findings into the here and now can be seen in projects like Spiegel-Insel, Heidelberg or Verden. In Verden, it was not so difficult as the old town already provides a legible model that we could draw on and use. On Spiegel-Insel, the piece of city is a product of assembling the new and old. Traffic also plays an important role in this. Spiegel-Insel adjoins the old town and an underground railway station on one side and the HafenCity on the other. To get from one to the other, people choose the most interesting route and now pass directly through new areas on Spiegel-Insel. It is always easiest to build new urban environments in places that are bounded by significant urban spaces. Making conscious connections to existing urban qualities is, in my view, one of the most fundamental principles for extending the urban fabric of cities, their buildings and their future development.

BLICK VON DER BRANDSTWIETE, SPIEGEL- UND IBM-HOCHHAUS SOWIE HOTEL /
VIEW FROM BRANDSTWIETE, SPIEGEL AND IBM SKYSCRAPERS WITH HOTEL

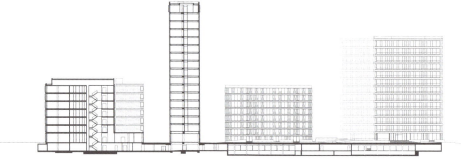

SCHNITT VON NORDWEST / SECTION FROM NORTHWEST

Revitalisierung / Revitalisation

Spiegel-Insel – Hamburg Heights

In der Nachkriegszeit folgten die beiden Bürohochhäuser für Spiegel und IBM dem Ideal des „fließenden Raumes". Als Ausdruck des neuen städtebaulichen Selbstbewusstseins fungierten sie als optischer Endpunkt der Ost-West-Straße. Mit den drei Neubauten werden die Verkehrsachsen wieder räumlich gefasst und die Erdgeschosse für Passanten geöffnet. Im Inneren des Quartiers entstehen neue ruhige Außenräume und Wegebeziehungen von hoher Aufenthaltsqualität. Neben den denkmalgeschützten Hochhäusern nehmen sich die drei Neubauten gestalterisch durch ihre gleiche Höhe und eine elegante Fassadensprache zurück.

The two high-rise office buildings built in the post-war period for Der Spiegel and IBM adhered to the principle of flowing space. As representatives of a new, modern approach to urbanism, they formed a distinctive landmark at the end of Hamburg's Ost-West-Strasse. The three new buildings placed between them redefine traffic flows and provide spatial definition, making the ground floors accessible to pedestrians and creating new, more sheltered, high-quality outdoor spaces and through routes. The new buildings, all of uniform height and with elegant façade treatment, provide a foil for the listed high-rise towers.

Hamburg, Deutschland
Projektart: Direktauftrag
Bauherr: HOCHTIEF Projektentwicklung GmbH
BGF: Neubauten 22.700 m², Sanierung 19.070 m²
Bauzeit: 2014–2018

Hamburg, Germany
Project type: Direct commission
Client: HOCHTIEF Projektentwicklung GmbH
GFA: New buildings 22,700 m², refurbishment 19,070 m²
Construction period: 2014–2018

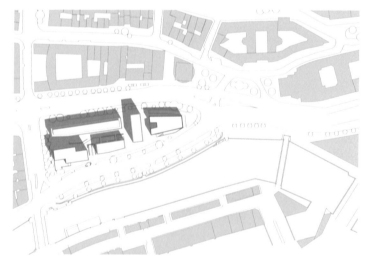

LAGEPLAN / SITE PLAN

BLICK ÜBER DEN ZOLLKANAL AUF DAS DOVENFLEET / VIEW ACROSS THE ZOLLKANAL TO DOVENFLEET

DOVENFLEET, ECKE BRANDSTWIETE / CORNER OF DOVENFLEET AND BRANDSTWIETE

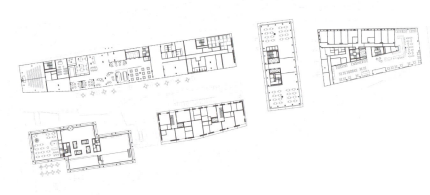

GRUNDRISS / FLOOR PLAN

DURCHBLICK AUF DAS CHILEHAUS / VIEW OF THE CHILEHAUS

GRÜNE MAGISTRALE MIT BLICK IN EINEN BÜROHOF / GREEN BOULEVARD WITH VIEW INTO AN OFFICE COURTYARD

BLICK IN DEN INNENHOF EINES CLUBHAUSES /
VIEW INTO THE COURTYARD OF A CLUBHOUSE

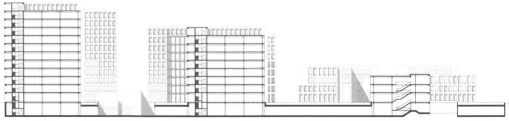

LÄNGSSCHNITT / LONGITUDINAL SECTION

Oversea Creative Park

Die Zwillingsbürogebäude im Nordwesten formen das Eingangstor in den Oversea Creative Park im Yuhang-Bezirk Hangzhous. Thema der städtebaulichen Rahmenplanung war das Ausrichten und Öffnen der Baublöcke als Weiterentwicklung traditioneller Hofhäuser zu einem Kanal im Süden. Das Quartier ist als parkartige Anlage in offener Bauweise konzipiert. Mit zwölf Geschossen bilden die Zwillingsbürogebäude die städtebauliche Dominante. Die Konzeption der Freianlagen basiert darauf, jedes Hofensemble auf eine feste „Insel" zu setzen und mit einem „Meer" aus Grün zu umspülen.

Two pairs of office buildings at the northwest edge of the site form the entrance to the Oversea Creative Park in Hangzhou's Yuhang district. The theme of the urban masterplan was to align and open the urban blocks to a canal along the south of the site, translating the principle of traditional courtyard houses into the urban scale. The twelve-storey twin office buildings are the dominant feature of the ensemble. The landscaping concept conceives each courtyard ensemble as an "island" of its own within a "sea" of green.

Hangzhou, China
Projektart: Direktauftrag
Bauherr: Zhejiang TOPSUN Holding Group Co., Ltd
Gesamtfläche: 4,6 ha
BGF: 91.000 m²
Bauzeit: 2015–2017

Hangzhou, China
Project type: Direct commission
Client: Zhejiang TOPSUN Holding Group Co., Ltd
Total area: 4.6 ha
GFA: 91,000 m²
Construction period: 2015–2017

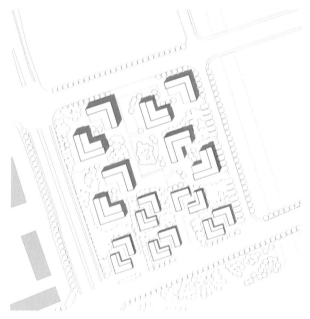

LAGEPLAN / SITE PLAN

VOGELPERSPEKTIVE / BIRD'S-EYE VIEW

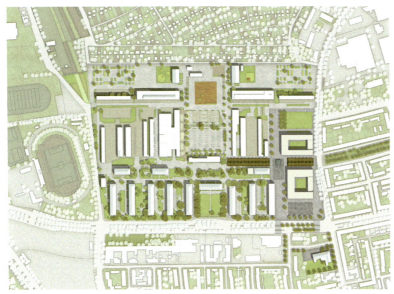

LAGEPLAN / SITE PLAN

Masterplan / Masterplan

Ledward Barracks

Für das ehemalige Kasernengelände Ledward Barracks galt es, ein Konzept zu erarbeiten, welches die Erweiterung der bestehenden Hochschule sowie die erfolgreiche städtebauliche Eingliederung gewährleistet. Der Entwurf zeichnet sich durch die klare Konzentration der baulichen Entwicklung entlang einer Campusachse aus, die als Bindeglied zu der bestehenden Hochschule dient und die hochschulinterne Kommunikation fördert. Unter der Einbindung von identitätsstiftenden Bestandsbauten schafft schon der erste Realisierungsabschnitt einen kraftvollen und räumlich gefassten Auftakt.

The redevelopment of the former Ledward Barracks site provides a concept for the future expansion of the existing university and a strategy for integrating the site into its urban surroundings. The masterplan envisages concentrating structural development along a campus axis that serves as a link to the existing university and facilitates communication within the university. The first development phase incorporates key existing buildings on the site, and already makes a powerful contribution to strengthening both spatial definition and identity.

Schweinfurt, Deutschland
Projektart: Wettbewerb 2016, 1. Preis
Bauherr: Stadt Schweinfurt
Planungsgebiet: 26 ha
BGF: 43.500 m²

Schweinfurt, Germany
Project type: Competition 2016, 1st prize
Client: Town of Schweinfurt
Planning area: 26 ha
GFA: 43,500 m²

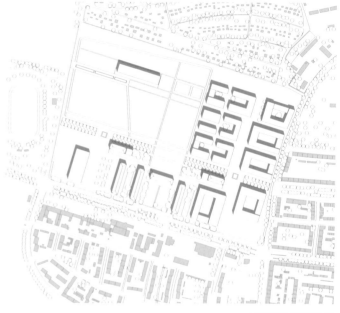

LAGEPLAN / SITE PLAN

BLICK ÜBER DEN ALLERPLATZ / AERIAL VIEW OF ALLERPLATZ

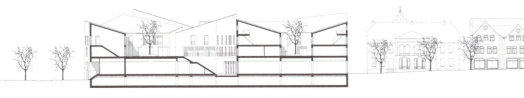

SCHNITT / SECTION

Quartier am Blumenwisch
Am Blumenwisch Quarter

Das neue Quartier bildet mit einem urbanen Nutzungsmix aus Einzelhandel, Wohnen und Hotel den nördlichen Abschluss der Verdener Altstadt und begrenzt die Westseite des historischen Norderstädtischen Marktes. Drei Blöcke bilden die für Verden typischen Gänge, nehmen die historischen Wegebeziehungen auf und schaffen klare Raumkanten. Ein Hotel als vierter Block zwischen Norderstädtischem Markt und dem neuen Allerplatz ergänzt das neue Ensemble. Alle Gebäude erhalten Pultdächer, so dass eine kleinteilige Dachlandschaft analog zur Maßstäblichkeit der mittelalterlichen Stadt entsteht.

With an urban mix of retail, residential and hotel uses, the new quarter forms the northern end of Verden's old town and borders the west side of the historic Norderstädtischer Markt. Three blocks create a system of alleys typical of Verden, reconnecting historical paths through the quarter and defining clear urban spaces. The fourth block, a hotel, between Norderstädtischer Markt and the new Allerplatz rounds off the new ensemble. All buildings have monopitch roofs, creating a small-scale roofscape analogous to the scale of the medieval city.

Verden, Deutschland
Projektart: Wettbewerb 2016, 1. Preis
Bauherr: bpd Immobilienentwicklung GmbH
BGF: 28.075 m²

Verden, Germany
Project type: Competition 2016, 1st prize
Client: bpd Immobilienentwicklung GmbH
GFA: 28,075 m²

LAGEPLAN / SITE PLAN

BAHNHOFSPLATZ SÜD MIT STADTLOGGIA / STATION SQUARE ON THE SOUTH SIDE WITH URBAN LOGGIA

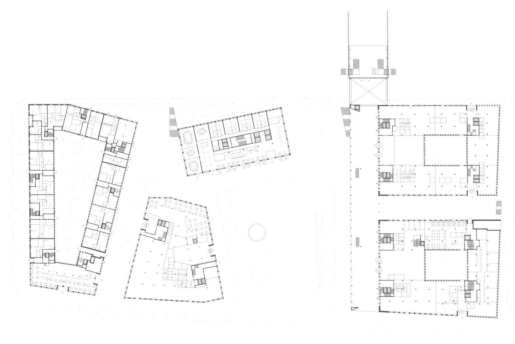

GRUNDRISS / FLOOR PLAN

Quartier am Europaplatz
Europaplatz Quarter

Der Entwurf sieht auf dem ehemaligen Güterbahnofsareal südlich des Hauptbahnhofes sechs unterschiedlich große Gebäude für Hotel, Verwaltung, Wohnungen, Geschäfte und Dienstleistungen vor. Eine zum dazwischen liegenden Platz geöffnete Stadtloggia schafft eine direkte Sicht- und Wegebeziehung zwischen dem Hauptbahnhof und dem neuen Konferenzzentrum. Den Hochpunkt des Platzes bildet das schräg in Richtung neuer Bahnstadt ausgerichtete Hotel. Eine weitere, diagonale Wegeverbindung im westlichen Teil der Fläche eröffnet den Durchblick zum ehemaligen Wasserturm, hier wird auch Wohnraum geschaffen. Eine Besonderheit bildet ein öffentliches Fahrradparkhaus mit über 1.600 Stellplätzen unterhalb der Stadtloggia. Mit dem Quartier entsteht eines der größten Passivhausprojekte Deutschlands.

The redevelopment of the site of Heidelberg's former freight terminal envisages six different-sized buildings including a hotel, administration premises, flats, shops and businesses surrounding a new square. An open urban loggia creates a visual connection and physical pathway between the main railway station and the new conference centre. The tall, diagonally placed hotel acts as a landmark and makes a connection to the new Bahnstadt quarter, while a second diagonal at the west of the site reveals a view of the historical water tower where new housing will be located. A special feature of the project is a public bicycle park with 1,600 spaces beneath the urban loggia. The quarter is one of the largest passive house projects in Germany.

Heidelberg, Deutschland
Projektart: Wettbewerb 2018, 1. Preis
Bauherr: Gustav Zech Stiftung
BGF: 74.000 m²
Bauzeit: 2019–2022/23

Heidelberg, Germany
Project type: Competition 2018, 1st prize
Client: Gustav Zech Stiftung
GFA: 74,000 m²
Construction period: 2019–2022/23

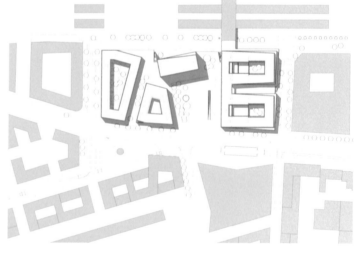

LAGEPLAN / SITE PLAN

VOGELPERSPEKTIVE / BIRD'S-EYE VIEW

Alanbrooke-Quartier
Alanbrooke Quarter

Der Entwurf ist ein Baustein zur Revitalisierung der ehemaligen Alanbrooke-Kaserne in ein gemischt genutztes neues Wohnquartier. Ein Ensemble aus drei- bis fünfgeschossigen Punkthäusern und winkelförmigen Geschossbauten lässt im Zusammenspiel mit dem von West nach Ost abfallenden Geländeverlauf ein differenziertes Spiel der Kubaturen entstehen. Der Freiraum besticht durch die klare Zonierung in eine großzügige Promenade im Norden und intimere Quartiershöfe im Süden. Es entsteht ein Wohnungsmix aus Ein- bis Fünfzimmerwohnungen mit Grundrissen, welche an zukünftige Entwicklungen angepasst werden können.

The design for a section of the former Alanbrooke Barracks envisages its revitalisation as a new, mixed-use residential quarter. An ensemble of three- to five-storey freestanding buildings and larger, L-shaped buildings creates a subtle play of rectilinear volumes that tier down the sloping site from west to east. A spacious promenade runs along the north of the site while more intimate communal courtyards are created between the buildings to the south. The result is a mix of one- to five-room apartments with flexible floor plans that can be adapted to meet future requirements.

Paderborn, Deutschland
Projektart: Wettbewerb 2020, 2. Preis
Bauherr: Wohnungsgesellschaft Paderborn mbH
BGF: 45.248,62 m²
Bauzeit: 2022–2026

Paderborn, Germany
Project type: 2020 competition, 2nd prize
Client: Wohnungsgesellschaft Paderborn mbH
GFA: 45,248.62 m²
Construction period: 2022–2026

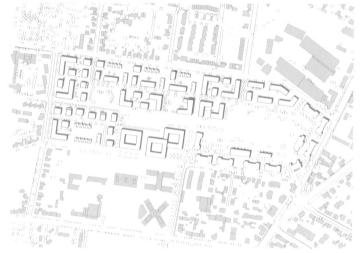

LAGEPLAN / SITE PLAN

„Unterschiedliche
Wohnformen beleben
den Wohnungsbau"

Wohnwelten mit
Qualität

2015 Stadthäuser
Dolgenseestraße,
Berlin, Deutschland
2015 Dolgenseestrasse
Townhouses,
Berlin, Germany

2016 Quartier Über-
seegärten, Bremen,
Deutschland
2016 Überseegärten
Quarter,
Bremen, Germany

"Different typologies for different needs enrich the quality of housing"

High-quality living environments

2016 Wohnhöfe Pergolenviertel, Hamburg, Deutschland	2016 Wohnkarree Kummerower Ring, Berlin, Deutschland	2018 Wohnbebauung Bei den Zelten, Hamburg, Deutschland	2020 Wohnturm Belle Harbour, Hamburg, Deutschland
2016 Perlogenviertel Housing Estate, Hamburg, Germany	2016 Kummerower Ring Housing Development, Berlin, Germany	2018 Bei den Zelten Housing Development, Hamburg, Germany	2020 Belle Harbour Residential Tower, Hamburg, Germany

Tietz Sie befassen sich in Ihrem Büro Winking Froh Architekten mit dem gesamten Spektrum des architektonischen Schaffens. Der Wohnungsbau bildet gleichwohl einen Schwerpunkt Ihrer Arbeit. Worin liegt für Sie die besondere Herausforderung beim Wohnungsbau?

Winking Für den Wohnungsbau ist das Thema der Nachbarschaft mit all seinen unterschiedlichen Aspekten von zentraler Bedeutung. Das betrifft die einzelne Wohnung ebenso wie das ganze Quartier, in dem man wohnt und in das sich ein neues Wohnhaus einfügen muss. Darin unterscheiden sich Wohnhäuser auch grundsätzlich von Büro- oder Verwaltungsbauten.

Wir versuchen, jeder Wohnung sowohl etwas Privates als auch etwas Öffentliches zu verleihen. Zur Straße werden die öffentlichen oder zumindest öffentlicheren Bereiche einer Wohnung ausgerichtet, zur Rückseite oder dem Innenhof des Hauses die privateren. Aus dieser Grunddisposition kann man dann geschickt gute Lösungen entwickeln. Das gilt sowohl für den Stadtraum, für die Wohnung, aber auch für die nächste Nachbarschaft und das ganze Quartier.

Im Überseequartier in Bremen haben wir uns mit unserer Bebauung um eine Neuinterpretation des traditionellen Bremer Hauses bemüht. Indem dieses Motiv dann mehrfach gereiht und variiert wird, entsteht nach und nach ein Stück Stadt. Wir haben dort beispielsweise zwei L-förmige Baukörper so miteinander verschränkt, dass sie einen Gartenhof umfassen. Aufgrund der hohen städtebaulichen Dichte sind die Häuser lediglich dreigeschossig ausgeführt. Die Balkone und die Erschließung haben wir zu den schmalen Wohnstraßen hin orientiert. Nur an den Stirnseiten zum Kommodore-Johnsen-Boulevard wurde fünfgeschossig geplant, um einen städtebaulichen Akzent zu setzen.

Froh Bremen ist übrigens ein schönes Beispiel dafür, wie wir uns von einem Vorbild inspirieren lassen, seine Ideen aufgreifen und daraus etwas Neues formulieren. Die Siedlung des Allgemeinen freien Angestelltenbundes (AfA), die 1929/30 in der östlichen Bremer Vorstadt entstanden ist, hat mich mit ihrer Ziegelarchitektur und den auskragenden Eckbalkonen immer sehr beeindruckt. Ideen aus diesem Reformwohnungsbau der Klassischen Moderne haben wir dann aufgenommen und in unserem Bremer Entwurf in die Gegenwart weitergeführt.

Tietz Die Mischung von Höhen, Räumen und Nutzungen nimmt demnach eine wichtige Rolle für die Bildung eines Quartieres ein?

Winking Ja, unbedingt, so ist es. Das gilt sowohl bei den unterschiedlichen Wohnmöglichkeiten im Quartier selbst als auch dort, wo das Quartier an die öffentlichen Räume stößt. Dort gibt es dann in den Erdgeschossen Platz für zusätzliche Nutzungen, für Geschäfte oder Einkaufsmöglichkeiten.

Tietz   At Winking Froh Architekten you tackle all kinds of architectural projects, but housing and residential schemes remain a focal area of your work. What, in your eyes, is the primary challenge of designing housing?

Winking   A central aspect of housing design is the neighbourhood with all its different facets. It influences everything from the individual flat to the entire quarter in which people live, and into which a new residential building must fit. In this respect, housing and residential buildings differ fundamentally from office or administrative buildings.

We try to ensure every flat has a mix of the private and the public. The public, or at least the more public, areas of a flat face onto the street while the more private, living areas are oriented towards the rear or the interior of a building. From this basic arrangement, one can then develop various clever solutions. And that applies to the urban space, to the flat and also to the next neighbourhood and the entire quarter.

For the Überseequartier in Bremen, we sought to reinterpret the model of the traditional Bremer house. By repeating and varying this motif in rows, we can gradually piece together a section of the city. In this project, we arranged them in two interlocking L-shaped volumes that enclose a garden courtyard. The project has a relatively high density and the houses are therefore only three storeys high. Their balconies and entrances face onto the narrower residential streets and only the ends of the rows that face onto the Kommodore-Johnsen-Boulevard have five storeys, where they assert a stronger urban presence.

Froh   Bremen is, incidentally, a good example of how we draw inspiration from an existing model, examine its ideas and formulate something new from them. I had always been rather taken with the brick architecture and cantilevered corner balconies of the housing for the Allgemeiner freier Angestelltenbund (AfA) built in the east of Bremen in 1929/30. We drew on the ideas of this classical-modern reform architecture housing project and carried them forward into the present day for our design for Bremen.

Tietz   So the mix of heights, spaces and uses plays an important role in what constitutes a neighbourhood?

Winking   Yes, absolutely. That applies to the different kinds of housing within a neighbourhood as well as to where the neighbourhood borders public urban spaces. Here there should be space for additional uses, for shops, businesses and supermarkets at ground-floor level.

Tietz   To what extent is housing provision in Germany trapped in a corset?

Winking   Housing associations often have very precise ideas about what kind of living accommodation should be built, and that also influences the mix of privately financed or publicly subsidised housing as well as commercial zones within a neighbourhood.

High-quality living environments

Tietz Inwieweit ist der aktuelle Wohnungsbau in Deutschland in einem Korsett gefangen?

Winking Es ist schon so, dass die Wohnungsbaugesellschaften sehr genaue Vorstellungen davon haben, welche Wohnungen entstehen sollen. Das betrifft auch die Mischung eines Quartiers mit freifinanziertem oder gefördertem Wohnraum und Geschäftszonen.

Froh Mein Eindruck ist aber auch, dass einige Wohnungsbaugesellschaften nach neuen Lösungen suchen und wieder etwas experimentierfreudiger geworden sind. Das betrifft sowohl die Verwendung des Materials, speziell die Offenheit für den Holzbau, aber auch die Typologie der Wohnungsbauten. Beispielsweise sieht ein aktuelles Projekt, das wir mit der Howoge in Berlin realisieren, die Kombination eines Laubenganghauses mit Maisonetten in den Erdgeschossen vor. Der enorme Druck auf dem Wohnungsmarkt mit der hohen Nachfrage nach neuen Wohnungen führt auch dazu, dass wieder Wohnhochhäuser und große Wohnmaschinen im Sinne Le Corbusiers möglich werden, die lange als verpönt galten.

Tietz Welche Rolle spielt das Erdgeschoss bei Ihren Planungen im Wohnungsbau?

Winking Das ist sehr individuell und hängt von denjenigen ab, die dort wohnen. Es gibt Menschen, die sehr gerne im Erdgeschoss wohnen, weil sie dort einen Garten haben. Andere wollen auf gar keinen Fall eine Erdgeschosswohnung beziehen, aber sie möchten in einem bestimmten Quartier wohnen. Für beide muss man Angebote formulieren, die sich gegenseitig ergänzen.

Tietz Hat die Struktur des Quartiers Einfluss auf die Grundrisse der Wohnungen?

Winking Auf jeden Fall. Zu Hauptverkehrsstraßen müssen wie gesagt andere Funktionen gerichtet sein als zu den schmalen Wohnstraßen. Um dort ansprechende und vielfältige Lösungen zu schaffen, kommt es uns natürlich zugute, dass wir über eine jahrzehntelange Erfahrung verfügen und eine Menge guter Lösungen ermöglichen können.

Tietz Wie verhält es sich mit den Freiräumen beim Wohnungsbau?

Winking Gerade in solch dichten Quartieren kommt den Freiräumen, die wir meistens in sehr enger Zusammenarbeit mit Landschaftsarchitekten gestalten, eine große Bedeutung zu. Wenn hier Familien mit Kindern wohnen, sind für sie diese Räume zum Spielen natürlich ganz besonders wichtig.

Froh — My impression is that this is beginning to change, and some housing associations are looking for new solutions and becoming more open to experimentation. That may concern the materials used – especially an openness towards timber construction, but also towards different typologies of living accommodation. For example, a project we are currently realising together with the Howoge housing association in Berlin combines gallery-access housing with maisonettes on the ground floor. The continuing high level of demand in the housing market is also leading to a reconsideration of models that were previously frowned upon, such as high-rise housing and larger "machines for living" in the vein of Le Corbusier.

Tietz — What role does the ground floor play in your housing design?

Winking — That varies and depends on the people who live there. Some like to live on the ground floor where they have direct access to a garden. Others can't imagine that at all, but they do want to live in a particular neighbourhood. You have to provide living options for both groups that complement each other.

Tietz — Does the structure of a neighbourhood influence the floor plans of the apartments?

Winking — Absolutely. As I said, different functions will be placed along a main road than along a narrow residential street. One needs to create an attractive and diverse mix of proposals, and fortunately we can draw on decades of experience in developing all kinds of good solutions.

Tietz — What role do outdoor areas and open spaces play in housing construction?

Winking — In dense neighbourhoods, in particular, outdoor areas are of vital importance – and we usually develop them together with landscape architects. For neighbourhoods with families, it is especially important for children to have safe spaces to play.

Tietz — Is there a general characteristic that, in your opinion, sets your housing projects apart?

Winking — I would say that the relationship of the home to outdoor space is a central aspect, and one that applies to both urban and private outdoor space. In buildings up to six storeys high, parents can still see and recognise their children playing outside; but the higher the building, the more difficult that becomes.

Another key aspect is the floor plans, which we are constantly improving on. When one designs smaller flats, for example a three-room flat with less than 70 m², it is especially important to organise them well. In our Rolandstrasse project in Berlin, for example, we created a

Tietz   Gibt es ein übergreifendes Merkmal, von dem Sie sagen, dass es Ihre Wohnungsbauprojekte auszeichnet?

Winking   Ich denke schon, dass die Beziehung der Wohnung zum Außenraum zentral ist. Das betrifft sowohl den städtischen als auch den privaten Außenraum. Wenn man bis zu sechs Geschosse hoch baut, dann können die Eltern noch das Gesicht ihres Kindes erkennen, wenn es vor dem Haus spielt. Wenn man höher baut, wird das schon schwierig.
    Das andere sind die Grundrisse, die wir immer wieder neu angehen, wie beispielsweise in der Rolandstraße in Berlin. Wenn sie kleinere Wohnungen bauen, also eine Dreizimmerwohnung, die weniger als 70 Quadratmeter groß ist, dann ist es enorm wichtig, sie sehr gut zu organisieren. Deshalb haben wir dort in der Mitte der Wohnungen einen Versorgungskern ausgebildet. Ihm schließt sich auf der einen Seite der Wohnraum an, auf der anderen die Küche, die man aber auch durch eine Tür abtrennen könnte, sofern man keine offenen Küchen haben möchte. Durch diesen Trick wirken die Räume viel größer, als wenn man alles kleinteilig und abgeschlossen ausführen würde. Damit werden natürlich einerseits die Flächen optimiert, aber es entsteht andererseits auch eine zusätzliche Qualität. Es gehen keine Flächen für Flure verloren, sondern es entstehen sehr schöne, großzügige Räume. Man hat das Gefühl, als handele es sich um einen einzigen großen Raum, in dessen Mitte sich lediglich der Versorgungskern mit Badezimmern und Gäste-WC befindet.

Froh   Wichtig erscheint es mir zudem zu berücksichtigen, dass wir heute für ganz andere Haushalte und Lebensmodelle Wohnungen schaffen, als das noch vor 20 Jahren der Fall war. Für diese Lebensentwürfe müssen wir passende architektonische und städtebauliche Antworten formulieren. Daher spiegeln sich diese gesellschaftlichen Veränderungen in den offenen und damit flexibleren Grundrissen unserer Wohnungen wider, wie wir sie in der Dolgenseestraße in Berlin und in Bremen weiterentwickelt haben.

Tietz   Wie erreicht man trotz hoher Dichte im Wohnungsbau eine angemessene Privatheit?

Winking   Eine Privatheit für die Bewohner erzielt man, indem man dem Haus ganz klar ein Vorne und ein Hinten gibt. In der Reformarchitektur der 1920er Jahre war das ein wenig vernachlässigt worden. Damals wollte man eine Alternative zum steinernen Berlin schaffen, wie es Werner Hegemann bezeichnet hat. Stattdessen hat man Zeilen gebaut und dadurch das Vorne und Hinten der Häuser aufgelöst. Die Erschließung der Gebäude befand sich auf der Ostseite, der Wohnraum im Westen. Das hat sich erst wieder geändert, als man erneut begann, Blöcke zu bauen, mit öffentlichen Räumen an der Straße und privaten Innenhöfen. Für uns hat eine gute Wohnung immer Anteil an beidem, am öffentlichen Raum der Straße sowie am ruhigen privaten Rückzugsraum im Grundstücksinneren.

service core in the centre of the floor plan with the living room on one side and the kitchen on the other. This trick makes the interior seem much larger than if every room were a small, partitioned space. The resident can, of course, close the door if they prefer not to have an open kitchen. For one thing, it makes optimal use of the floor plan, and for another, it lends the interior a special quality. No space is wasted on corridors, and the resulting rooms are nice and spacious. You have the feeling of being in one large room with the only enclosure being the central one of bathroom and toilet.

Froh   Another important aspect to consider in this respect is that we are creating housing for very different households and lifestyles than was the case 20 years ago. And for these, we need to formulate suitable architectural and urban responses. The open and more flexible floor plans we are designing now reflect these social changes. We have explored this concept further in our designs for Dolgenseestrasse in Berlin and also in Bremen.

Tietz   How do you provide adequate privacy in high-density housing projects?

Winking   Privacy for residents is achieved primarily by giving the building a clear front and back. This was somewhat neglected in the reform architecture of the 1920s. At the time, people strove to create an alternative to the tenement model in Berlin, which Werner Hegemann famously called the "stone city". They built row housing with the entrance on the east side and living space on the west, thus breaking down the idea of a front and back. This only changed when urban blocks began to be built again, with public spaces on the street and private courtyards within. For us, a good floor plan always has a bit of both: the public space on the street and a quiet private space to retreat to at the rear, facing the inner courtyard.

Tietz   How does the choice of materials and the change of materials – on balconies, for example – contribute to the well-being of the residents?

Winking   Balconies are good example: where they face onto the street I would always elect to have a closed balustrade, but balconies overlooking private areas can be much more open. For the façades, the choice of material again depends on the region in which we are building. For a project in Würzburg, I wouldn't necessarily choose brick – just as we haven't in Heidelberg. It is not appropriate as the material is not typical of the region. In a city like Hamburg – in which brick is part of the urban townscape and brick housing too has a long tradition through the work of Albert Erbe, Gustav Oelsner, Fritz Schumacher or Karl Schneider – that is another question entirely.

Froh   Our "Belle Harbour" tower in Hamburg's Baakenhafen is a good example of the potential that balconies can offer when one varies their design.

High-quality living environments

Tietz Welche Rolle spielt die Auswahl der Materialien und der Materialwechsel, beispielsweise bei Balkonen, für das Wohlbefinden der Bewohner?

Winking Bleiben wir einmal bei den Balkonen, denn das ist ein gutes Beispiel. Wenn die Balkone in den öffentlichen Raum hinausgehen, dann würde ich die Brüstungen immer schließen. Wenn sie zum privaten Raum orientiert sind, dann können sie viel eher offen sein. Bei den Fassaden hängt die Wahl des Materials wiederum von der Region ab, in der wir bauen. Wenn ich in Würzburg baue, würde ich mich nicht unbedingt für Ziegel entscheiden. So wie wir das auch in Heidelberg tun. Das bietet sich dort nicht an, weil das Material nicht regionaltypisch ist. In einer Stadt wie Hamburg, die mit Albert Erbe, Gustav Oelsner, Fritz Schumacher oder Karl Schneider nicht zuletzt im Wohnungsbau über eine großartige Tradition des Bauens mit Ziegel verfügt, die das Stadtbild prägt, ist das natürlich etwas völlig anderes.

Froh Das Beispiel unseres Wohnturms „Belle Harbour" im Hamburger Baakenhafen zeigt sehr anschaulich, welches Potenzial das Thema Balkon besitzt, wenn man es variiert. Dort haben wir den Balkon halb vor dem Haus konzipiert und halb im Haus, so dass er dort gleichzeitig als Loggia genutzt werden kann. Daraus erwächst ein Mehrwert für die Bewohner.

Tietz Welche Besonderheiten gilt es beim Wohnungsbau noch zu beachten?

Winking Über die Jahre habe ich gelernt, wie wichtig es ist, Wohnungen nicht nur übereinanderzustapeln. Es ist mir ein zentrales Anliegen, eine gewisse Vielfalt zu ermöglichen. Unterschiedliche Wohnformen zu mischen, belebt den Wohnungsbau. Er wird interessanter. Das belebt auch die Quartiere. Beispielsweise haben wir hier in Hamburg ein Wohngebäude errichtet, bei dem wir mehrere Haus-im-Haus-Einheiten realisiert haben, die jedoch über ein gemeinsames Treppenhaus erschlossen werden. Wenn Sie so wollen, haben wir dafür mehrere Einfamilienhäuser übereinandergesetzt. Bei den Bewohnern ist dieses Konzept der Maisonette sehr beliebt. Sie haben das Gefühl, in ihrem eigenen Haus mit Garten zu wohnen oder zumindest mit einem großen Balkon oder einer Dachterrasse. Mit diesem Modell kann man sehr gut innerstädtisch sechsgeschossige Wohnhäuser verwirklichen.

Tietz Lassen sich mit diesem Konzept auch unterschiedliche Grundrissformen verwirklichen?

Winking Das ist damit sehr gut umzusetzen. Eine mögliche Variation erreicht man bereits, wenn man die Grundrisse einfach dreht, so dass sich unterschiedlich nutzbare Raumstrukturen ergeben. Beim Quartier Blumenwisch in Verden an der Aller sind wir zu einer ganz speziellen Lösung gekommen. Dort erschließen Treppen das Quartier, das oberhalb eines Einkaufsmarktes liegt. Die Wohnhäuser sind übereinander

Here the balcony is partly set back into the building and partly projects. It serves as a balcony and a loggia at the same time, creating an additional quality for the residents.

Tietz What other particular aspects need to be taken into account when designing housing?

Winking Over the years I have learned how important it is not just to stack flats on top of each other, and I have made a point of ensuring there is always a degree of variety. Mixing different types of dwelling enlivens housing as a whole and makes it more interesting. It also enlivens neighbourhoods. For example, in Hamburg we have built a residential building comprising several house-in-house units that are all accessed via a common staircase. You could describe them as several single-family homes placed above one another. The maisonette apartments are very popular with the residents. They give them a sense of living in their own house with a garden, or at least with a large balcony or roof terrace. This model makes it very easy to realise six-storey inner-city housing.

Tietz Can this concept also accommodate different floor plans?

Winking It adapts extremely well to different configurations. One possible variant can be achieved simply by rotating the floor plans to produce rooms that can be used in different ways. For the Blumenwisch quarter in Verden an der Aller, we came up with a very special solution. The housing blocks, which are located above a supermarket, are reached via flights of stairs. The residential units are placed on top of one another and, much like the houses in Holland, each has its own front door. Narrow stairs lead to the upper housing units. This example shows how we constantly strive to reformulate different living concepts and make them more individual. Accommodating different ways of living is, therefore, a further special quality of our work.

Tietz You are currently realising your first project for a collective of clients in Hamburg's HafenCity.

Froh Yes, the "Belle Harbour" is a small residential tower that we have the pleasure of building in the vicinity of the new Elbbrücken station. It's a very central, urban location. The building has a total of eight storeys, with two flats per floor arranged around an inner circulation core. They are designed in such a way that one room on each floor can be attached to one or the other of the apartments, making it possible to vary the sizes and floor plans of the flats. A special feature of the tower is that each apartment has rooms in three directions.

Tietz What is special about working with a group of clients?

gefügt und ein wenig so wie in Holland geplant, dass jeder Bewohner seine eigene Haustüre bekommt. Sie werden durch Himmelsleitern erschlossen, schmale schöne Treppen, die in die oberen Wohneinheiten führen. Darin drückt sich unser Bemühen aus, die Wohnformen immer wieder neu zu formulieren und dadurch individueller zu machen. Solche unterschiedlichen Möglichkeiten des Wohnens zu eröffnen, stellt natürlich ein besonderes Qualitätsmerkmal dar.

Tietz In der HafenCity Hamburg realisieren Sie aktuell Ihr erstes Baugruppenprojekt.

Froh Es handelt sich um einen kleinen Wohnturm, den „Belle Harbour", den wir verwirklichen dürfen, ganz in der Nähe des neuen Bahnhofs Elbbrücken. Ein sehr zentraler, städtischer Standort also. Das Haus hat insgesamt acht Geschosse. Um den inneren Erschließungskern legen sich jeweils zwei Wohnungen pro Etage. Sie sind so konzipiert, dass jeweils ein Zimmer der einen oder der anderen Wohnung zugeschaltet werden kann, so dass die Größen und Grundrisse der Wohnungen variabel sind. Das Besondere des Turms ist, dass jede Wohnung nach drei Himmelsrichtungen ausgerichtet ist.

Tietz Was zeichnet die Arbeit mit einer Baugruppe aus?

Winking Wir stehen bei diesem Projekt noch am Anfang, aber es wird eine sehr spannende Herausforderung sein, die unterschiedlichen Ansprüche in einem Haus unterzubringen. Dadurch, dass wir nur den tragenden Kern mit Treppenhaus und Aufzügen haben und alle anderen Wände in den Wohnungen nicht tragend sind, können wir sehr flexibel auf unterschiedliche Vorstellungen vom Wohnen reagieren.

Froh Inzwischen gibt es 16 völlig unterschiedliche Grundrisse, die wir zusammen mit den Bewohnern ausgearbeitet haben. Nur eine Wohnung ist letztlich so geblieben, wie wir es zunächst geplant hatten. Der intensive Austausch mit den Bewohnern hat uns gezeigt, wie wichtig es war, dort flexible Strukturen zu schaffen, die spezifische Grundrisse ermöglichen. Dadurch konnten die Räume entsprechend den individuellen Vorstellungen der Bewohner weitergeplant werden. Das reicht von offenen und geschlossenen Küchen bis hin zur Büronische für das Homeoffice. Am „Belle Harbour" zeigt sich erneut, wie sehr sich die Gesellschaft in den vergangenen Jahrzehnten verändert hat und wie deutlich sich das in den Wohnungsgrundrissen niederschlägt.

Tietz Zeitgleich verwirklichen Sie mit einer alteingesessenen großen Wohnungsbaugenossenschaft an Bei den Zelten und Sievekingsallee in Hamburg einen Neubau. Inwieweit ist das Modell einer Genossenschaft zukunftsweisend, um günstigen und nachhaltigen Wohnraum zu schaffen?

Winking　　We are still in the initial phases of the project, but a particularly interesting challenge is to accommodate many different needs in one building. Only the central circulation core, with the stairs and lifts, is loadbearing and all the other walls are non-loadbearing, making it possible to respond very flexibly to the residents' different ideas and living concepts.

Froh　　We have, in the meantime, developed 16 quite different floor plans together with the future residents. Only one flat has remained as we initially planned it. Our intensive discussions with the residents have shown us just how important it was to create flexible structures that can accommodate specific floor plans in accordance with their individual wishes. These ranged from open or enclosed kitchens to the provision of home-office niches. "Belle Harbour" is another example of how society has changed in the last few decades and how clearly this is expressed in today's floor plans.

Tietz　　At the same time, you are realising a new building with one of the most well-established, large housing cooperatives at Bei den Zelten and Sievekingsallee in Hamburg. To what extent can the cooperative model offer a viable example for creating affordable and sustainable housing?

Winking　　Housing cooperatives have a strong tradition in Hamburg, and I believe they still offer a resilient model that is capable of surviving crises. The members of the cooperative have often lived in their flats or houses for generations, and identify strongly with their homes and the neighbourhood they live in. It's good to be able to carry this forward with our new building. The quality and aspirations of the housing cooperatives are also reflected in what we are building today. In the area around Sievekingsallee, there are still a few buildings from the Schumacher era alongside simple post-war buildings. We make reference to them, for example through our use of brick as the main building material. Our design also picks up aspects of the previous buildings from the immediate post-war period, but, due to the materials used at that time, they had unfortunately reached the end of their useful lives.

　　Our design creates a quiet inner courtyard at its centre that is screened against road noise so that the apartments can open onto it. At the end of the site, where the development tapers off, is a taller section. It doesn't quite qualify as a high-rise, but nearly. The floor plans of the housing projects designed by Fritz Schumacher and Gustav Oelsner in the 1920s were, in my view, very good. If we can improve on them, then we already have a good basis for our designs – for example, through the addition of a lift; a second bathroom or a toilet for guests; and, of course, a balcony. By varying the flat typologies and the floor plans, we can also ensure a mix of different groups of residents alongside one another in the same block.

Winking Wohnungsbaugenossenschaften haben in Hamburg eine ausgezeichnete Tradition. Ich glaube, es sind immer noch krisenfeste Modelle. Die Mitglieder wohnen dort seit Generationen sehr gerne und identifizieren sich mit ihren Wohnungen und den Quartieren, in denen sie stehen. Es ist schön, dass wir das mit unserem Neubau in die Zukunft weitertragen können. Qualität und Anspruch der Baugenossenschaften spiegeln sich auch in dem, was wir heute bauen. In der Umgebung der Sievekingsallee stehen neben einfachen Nachkriegsbauten noch einige Gebäude aus der Schumacherzeit. Auf die beziehen wir uns, beispielsweise mit unserem Baumaterial Ziegel. Wir nehmen in unserem Entwurf auch Bezug auf die Vorgängerbebauung. Leider waren diese Häuser, die noch aus der unmittelbaren Nachkriegszeit stammten, aufgrund des damals verwendeten Materials einfach am Ende ihres Lebenszyklus angekommen.

In unserem Entwurf haben wir uns entschieden, einen ruhigen Innenhof auszubilden. Er schirmt gut gegen den Lärm ab, so dass sich die Wohnungen dorthin öffnen können. Zusätzlich gibt es an der Spitze des Grundstücks ein höheres Haus, in dem die Anlage ausläuft. Es handelt sich noch nicht ganz um ein Hochhaus, aber fast. Wenn man sich die Grundrisse der Wohnungen anschaut, die in den 1920er Jahren von Fritz Schumacher oder Gustav Oelsner gebaut wurden, dann stelle ich immer wieder fest, dass sie sehr gut waren. Wenn es uns gelingt, dort noch eine Schippe draufzulegen, dann ist man schon sehr weit. Beispielsweise indem man einen Aufzug anbietet, ein zweites Bad einfügt oder zumindest ein Gäste-WC, natürlich einen Balkon, und zudem bei den Wohnformen und Grundrissen variiert, um unterschiedliche Bewohnergruppen in einem Block anzusprechen.

ANSICHT VON DER DOLGENSEESTRASSE / VIEW FROM DOLGENSEESTRASSE

INNENRAUM / INTERIOR

GRUNDRISS REGELGESCHOSS /
FLOOR PLAN OF A TYPICAL FLOOR

HOFANSICHT / COURTYARD VIEW

Stadthäuser / Townhouses

Dolgenseestraße
Dolgenseestrasse

Drei kubische, achtgeschossige Stadthäuser auf quadratischem Grundriss bilden mit ihren graugrünen Fassaden bewusste Kontrapunkte gegenüber den sehr hermetisch wirkenden zehngeschossigen Plattenbauten. Der Hofraum behält so seine ursprüngliche grüne Großzügigkeit. Durch eine versetzte Anordnung der Häuser entstehen weiträumige Sichtbeziehungen und differenzierte Freiräume. Die Erschließung der Neubauten erfolgt über den so formulierten Quartiersplatz an der Dolgenseestraße.

Three cubic, eight-storey townhouses, each with a square footprint and uniform grey-green façade, form a distinctive counterpoint to the hermetic exteriors of the surrounding ten-storey prefabricated slab blocks. Their staggered placement within the existing green courtyard creates a variety of views and visual connections and defines a series of outdoor spaces with varying qualities. The townhouses are accessed via a new neighbourhood courtyard on the Dolgenseestrasse, created by the insertion of the new buildings.

Berlin, Deutschland
Projektart: Vergabeverfahren mit Wettbewerb 2015
Bauherr: HOWOGE Wohnungsbaugesellschaft mbH
BGF: 9.580 m²
Bauzeit: 2017–2018

Berlin, Germany
Project type: Award procedure with competition 2015
Client: HOWOGE Wohnungsbaugesellschaft mbH
GFA: 9,580 m²
Construction period: 2017–2018

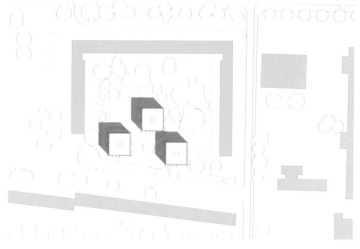

LAGEPLAN / SITE PLAN

ÜBERGANG VOM KOMMODORE-JOHNSEN-BOULVEARD / PASSAGE FROM THE KOMMODORE-JOHNSEN-BOULEVARD

Quartier Überseegärten
Überseegärten Quarter

Der Entwurf für das Baufeld in zweiter Reihe der Bremer Hafenkante basierte auf dem Wunsch nach vier nahezu gleichwertigen, unabhängig voneinander bebaubaren Baufeldern mit Adresse am Kommodore-Johnsen-Boulevard. Dennoch sollte das Quartier als Stadtbaustein aus einem „Guss" entstehen. Es besteht aus fünfgeschossigen Häusern entlang der Straßen in Kombination mit dreigeschossigen Zeilen innerhalb der Baufelder als Neuinterpretation des „Bremer Hauses". Hinzu kommt für das als Mischgebiet konzipierte Quartier pro Baufeld ein Kontorhaus.

The design for the site, set one block back from the Bremen quayside, creates a solution for four approximately equal, independently developable plots along the Kommodore-Johnsen-Boulevard. The new urban block nevertheless needed to present a coherent overall impression within the quarter. Five-storey buildings are arranged along the street while three-storey rows within the blocks reinterpret the traditional model of the "Bremer House". Each plot also features a "Kontorhaus" with office space for the mixed-use quarter.

Bremen, Deutschland
Projektart: Auftrag nach Qualifizierungsverfahren
Bauherr: Justus Grosse Real Estate GmbH/
DSBC Immobilien GmbH
BGF: 33.330 m²
Bauzeit: 2018–2021

Bremen, Germany
Project type: Commission following qualification procedure
Client: Justus Grosse Real Estate GmbH/
DSBC Immobilien GmbH
GFA: 33,330 m²
Construction period: 2018–2021

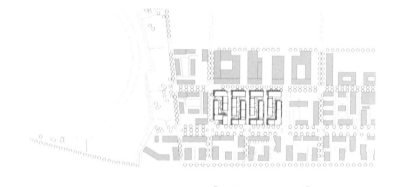

LAGEPLAN / SITE PLAN

ÜBERGANG NACH SÜDWESTEN / PASSAGE LEADING SOUTHWEST

KOMMODORE-JOHNSEN BOULEVARD VON SÜDEN / KOMMODORE-JOHNSEN BOULEVARD FROM THE SOUTH

GRUNDRISS / FLOOR PLAN

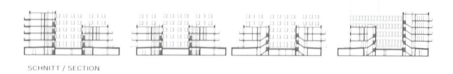

SCHNITT / SECTION

83

INNENHOF DES WOHNHOFS AM WINTERLINDENWEG /
INNER COURTYARD OF THE HOUSING DEVELOPMENT ON WINTERLINDENWEG

WOHNHOF AM FELDAHORNWEG / COURTYARD ON FELDAHORNWEG

Wohnhöfe / Housing Estate

Pergolenviertel

Der nördliche Doppelhof und der südliche Hof im Pergolenviertel orientieren sich typologisch am Hamburger Reformwohnungsbau der 1920er Jahre. Die großzügig dimensionierten Hofbebauungen reagieren volumetrisch auf ihren Kontext und erhalten durch den feingliedrig detaillierten Klinker einen menschlichen Maßstab. Die massiv vorgemauerte Klinkerfassade steht für Solidität und Nachhaltigkeit, liegt innerhalb der vorgegebenen Kosten und setzt auf Wertigkeit, auch im sozial geförderten Wohnungsbau.

The pair of housing blocks at the north end of the Pergolenviertel and the single courtyard to the south reinterpret the typology of Hamburg's reform architecture housing from the 1920s. The volume of the generously proportioned blocks with their inner courtyards responds to their wider context, and they are given a human scale by the nuanced detailing of their clinker-brick façades. The brick facing lends the buildings a sense of solidity and lasting quality while remaining within the cost constraints for subsidised social housing.

Hamburg, Deutschland
Projektart: Wettbewerb 2016, 1. Preis
Bauherr: SAGA GWG
BGF: 44.500 m²
Bauzeit: 2018–2020

Hamburg, Germany
Project type: Competition 2016, 1st prize
Client: SAGA GWG
GFA: 44,500 m²
Construction period: 2018–2020

LAGEPLAN / SITE PLAN

ANSICHT VOM KUMMEROWER RING / VIEW FROM KUMMEROWER RING

INNENHOF / INNER COURTYARD

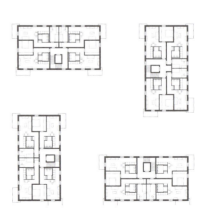

GRUNDRISSE / FLOOR PLANS

Wohnkarree / Housing Development

Kummerower Ring

Vier Gebäude bauen auf jeweils dem gleichen Grundtyp auf. Sie sind windmühlenartig um einen zentralen Hof angeordnet. Die Häuser vermitteln mit ihrer Geschossigkeit und Körnung zwischen den angrenzenden unterschiedlichen Gebäudetypologien. Durch ihre Anordnung wurden keine direkten Baufluchten aufgenommen. Das Ensemble bezieht sich geometrisch vielmehr auf sich selbst und schafft einen starken eigenen Ort. Die weißen Putzbauten mit ihren präzise gesetzten Lochfenstern wurden massiv gemauert. Sie umfassen 56 kompakte Wohnungen mit überwiegend zwei und drei Zimmern.

Four buildings, all based on the same basic typology, are arranged in windmill fashion around a central courtyard. In their size and configuration, they mediate between the different adjacent building types – but rather than aligning with any neighbouring buildings the ensemble refers geometrically to itself, creating a strong focal point of its own. The white-rendered, masonry buildings with precisely incised window openings provide a total of 56 compact two- and three-room apartments.

Berlin, Deutschland
Projektart: Vergabeverfahren
Bauherr: Gesobau AG
BGF: 3.900 m²
Bauzeit: 2018–2020

Berlin, Germany
Project type: Award procedure
Client: Gesobau AG
GFA: 3,900 m²
Construction period: 2018–2020

LAGEPLAN / SITE PLAN

BLICK VON SÜDOSTEN AUF DEN POCKET PARK / VIEW OF THE POCKET PARK FROM THE SOUTHEAST

ANSICHT VON DER SIEVEKINGSALLEE / VIEW FROM SIEVEKINGSALLEE

Wohnbebauung / Housing Development

Bei den Zelten

Der drei- bis achtgeschossige Klinkerbau umschließt einen großen, fächerförmigen Hof und endet mit einem Solitär. Zusammen mit seinem Pendant auf der anderen Seite der Sievekingsallee bildet der Kopfbau ein städtebauliches Portal als Auftakt in Richtung Zentrum. Durch seine Höhe wird der bestehende Pocket-Park von der stark befahrenen Achse abgeschirmt. Sondernutzungen im Erdgeschoss beleben das Quartier. Die Zimmer und Aufenthaltsräume der 200 Wohnungen orientieren sich nach Süden und Westen zur lärmabgewandten Seite.

The brick building, which varies between three and eight storeys high, encloses a large, fan-shaped courtyard with a freestanding end building at its tip. Together with its counterpart on the other side of Sievekingallee, this end building forms a gateway to the centre of the city. Its height screens the local pocket park from the noise of the traffic artery. Shops and businesses on the ground floor enliven the neighbourhood. All the living areas of the 200 flats face south and west, and are thus shielded from traffic noise.

Hamburg, Deutschland
Projektart: Wettbewerb 2018, 1. Preis
Bauherr: Wohnungsverein Hamburg von 1902 eG
BGF: 23.523 m²
Bauzeit: 2021–2022

Hamburg, Germany
Project type: Competition 2018, 1st prize
Client: Wohnungsverein Hamburg von 1902 eG
GFA: 23,523 m²
Construction period: 2021–2022

LAGEPLAN / SITE PLAN

DACHGESCHOSS / TOP FLOOR PLAN
REGELGESCHOSS / TYPICAL FLOOR PLAN

BLICK ÜBER DEN PETERSENKAI /
VIEW ACROSS PETERSENKAI

Wohnturm / Residential Tower

Belle Harbour

Das elegante Punkthaus mit klarer Struktur entsteht in Wasserlage zwischen Baakenallee und Petersenkai. Es umfasst 16 Wohnungen für eine Baugemeinschaft mit Schwerpunkt des Bauens für sehbehinderte Menschen. Ziel war es, den „Belle Harbour" als filigranen Wohnturm mit einem hohen individuellen Wiedererkennungswert zwischen seinen größeren Nachbarn strahlen zu lassen. Durch die skulpturale Differenzierung des hellen Ziegelbaus mit vertikalen Einschnitten für Balkone und eine erhöhte Krone mit Dachgarten und Gemeinschaftsterrasse wird die Höhe des Hauses herausgearbeitet.

The residential tower on the waterfront between Baakenallee and Petersenkai in Hamburg is distinctive in its elegance and clarity. Comprising 16 flats for a client with special focus on building for blind people and those with visual impairments, the aim was to create a highly recognisable slender tower set apart from its larger neighbours. The sculptural articulation of the light-coloured brick building, with its deep vertical incisions for the balconies and raised parapet enclosing a roof garden and communal terrace, accentuates the tower's verticality.

Hamburg, Deutschland
Projektart: Wettbewerb 2020, 1. Preis
Bauherr: Belle Harbour Hamburg GbR
BGF: 2.082 m²
Bauzeit: 2022–2023

Hamburg, Germany
Project type: 2020 competition, 1st prize
Client: Belle Harbour Hamburg GbR
GFA: 2,082 m²
Construction period: 2022–2023

LAGEPLAN / SITE PLAN

„Unsere Bauten greifen unterschiedliche Kulturen und Traditionen auf"

Baukulturelle Inspirationen

2002 Polizeirevier Davidwache, Hamburg, Deutschland
2002 Davidwache Police Station, Hamburg, Germany

2004 Zheda Gemini-Türme, Hangzhou, China
2004 Zheda Gemini Towers, Hangzhou, China

2005 Ningbo Book City, Ningbo, China
2005 Ningbo Book City, Ningbo, China

2006 Hauptzollamt HafenCity, Hamburg, Deutschland
2006 HafenCity Main Customs Office, Hamburg, Germany

"Our buildings respond to different cultures and traditions"

Architectural inspirations

2007 Rethebrücke, Hamburg, Deutschland
2007 Bridge over the Rethe, Hamburg, Germany

2010 Wohnanlage Am Gasberg, Bad Segeberg, Deutschland
2010 Am Gasberg Residential Home, Bad Segeberg, Germany

2013 Klassenhaus Johanneum, Hamburg, Deutschland
2013 Johanneum Classroom Building, Hamburg, Germany

2014 Quartiersmitte Fischbeker Heidbrook, Hamburg, Deutschland
2014 Fischbeker Heidbrook Neighbourhood Centre, Hamburg, Germany

Tietz Winking Froh Architekten sind mit Büros an den Standorten Hamburg und Berlin vertreten und pflegen darüber hinaus eine gute Verbindung nach China. Ihre Entwürfe entstehen für Orte in ganz Deutschland. Inwiefern unterscheidet sich die Arbeit in Ihren beiden Büros voneinander?

Winking Hamburg ist eine alte Kaufmannsstadt, das spürt man bis heute an ihrer ganzen Art. Dank der Lage am Wasser und seinem Hafen betreibt Hamburg weltweiten Handel. Berlin ist dagegen eine alte Residenzstadt. Neben der preußischen Geschichte trägt sie auch die Jahre der deutschen Teilung mit sich. Tatsächlich unterscheiden sich die Hamburger sehr von den Berlinern. Hamburger sind pragmatisch und sachbezogen in dem, was sie machen. So ähnlich ist auch die Architektur der Stadt. Die Berliner wollen gerne Weltstadt sein und auch das drückt sich in der Architektur aus. Diese Unterschiede spiegeln sich in der Herangehensweise unserer beiden Büros wider. Dabei gibt es keine strenge Trennung, dass etwa die Berliner nur Projekte in Berlin machen und umgekehrt. Ganz im Gegenteil. Die Berliner machen auch immer wieder Projekte in Hamburg. Dadurch befruchten sich beide Standorte gegenseitig. Die Haltung in Berlin ist vielleicht noch etwas sachlicher und wird sehr durch Martin Frohs Art und Arbeit geprägt. Er hat die besondere Gabe, Dinge schnell zu erfassen, sie zu durchdringen und aus dieser Analyse dann das Konzept für etwas Neues zu entwickeln. In Hamburg ist unser Vorgehen eher deduktiv. Wir tasten uns heran und lassen immer noch einmal einen anderen Aspekt mit in den Prozess einfließen. Das liegt sicher auch an meiner Person und meiner Art, auf Architektur und Stadt zu blicken. Im Endeffekt sind die Ergebnisse aus Berlin und Hamburg gleichwohl in ihrer Art und Haltung miteinander vergleichbar, aber doch immer auch ein wenig unterschiedlich, so dass sich die Arbeiten an beiden Standorten wunderbar ergänzen.

Tietz Wie sieht die praktische Arbeit aus. Arbeitet jeder in Berlin und Hamburg für sich oder tauschen Sie sich mit Martin Froh bei den einzelnen Projekten intensiv aus?

Winking Der Austausch ist ganz wichtig. Trotzdem kann man erkennen, ob ein Projekt in Hamburg entstanden ist oder in Berlin.
 Natürlich gibt es immer wieder mal Arbeiten, bei denen wir uns weniger stark untereinander austauschen. Doch üblicherweise reden wir zu Beginn jedes Vorhabens ausführlich miteinander. Wenn wir ein neues Projekt beginnen, schickt mir Martin Froh meist seine ersten Ideen und einige Varianten nach Hamburg. Anschließend tauschen wir uns ebenso intensiv wie konstruktiv aus. Wir wägen ab, welche Varianten wir weiterverfolgen. Dabei ist allerdings ganz klar, dass derjenige das letzte Wort hat, der das Projekt betreut. Eine wichtige Rolle spielen dabei auch unsere Geschäftsführer, Stefan Waselowsky, Frank Weitendorf und Susanne Winking in Hamburg und Michael Sägesser in Berlin.

Tietz   Winking Froh Architekten have offices in Hamburg and Berlin, and also have good connections to China. You design buildings for locations all over Germany. How does the work of your two offices differ?

Winking   Hamburg is an old merchant city, and that's very evident in its character as a whole to this day. Thanks to the harbour and the River Elbe, it conducts trade with the whole world. Berlin, on the other hand, is a former seat of the empire and a capital city. Alongside its Prussian history, it also testifies to the years of German division. The residents of the two cities therefore have different characters. Hamburgers are pragmatic and businesslike, and that is reflected in the city's architecture. Berlin and Berliners see themselves as being cosmopolitan, and so is the capital's architecture. These differences are reflected in the approach of our two offices. However, there is no strict division, and the Berlin office doesn't just do projects in Berlin and vice versa. Quite the opposite: the Berlin office also works on projects in Hamburg, and the two locations enrich and stimulate one another. In Berlin, the approach is perhaps a little more objective and is very much influenced by Martin Froh's way of working. He has the special gift of grasping things quickly, penetrating them and then developing a concept for something new from this analysis. In Hamburg, our work is more deductive. We work gradually towards a solution allowing other aspects to feed into the process. That probably also has to do with my personality and my way of looking at architecture and the city. In the end, however, the results from Berlin and Hamburg are comparable in terms of their style and attitude – but also always a little different, so that the work from each office complements the other wonderfully.

Tietz   How does that work in practice? Do the offices in Berlin and Hamburg work independently or do you exchange ideas on the different projects with Martin Froh on an ongoing basis?

Winking   Exchange is very important. Nevertheless, you can tell whether a project was created in Hamburg or in Berlin.
   While there are projects in which there is less interaction between the offices, we almost always discuss each design in detail – especially at the beginning of a scheme. When we start a new project, Martin Froh usually sends his initial ideas and possible variants to me in Hamburg. We then exchange ideas in an intensive and constructive process of discussion, and weigh up which variants to pursue. It is quite clear, however, that the person in charge of the project has the last word. Our managing directors – Stefan Waselowsky, Frank Weitendorf and Susanne Winking in Hamburg, and Michael Sägesser in Berlin – also play an important role.

Tietz   Are there different preferences in Hamburg and Berlin as to which tasks to tackle?

Architectural inspirations

Tietz Gibt es in Hamburg und Berlin unterschiedliche Präferenzen, welche Bauaufgaben bearbeitet werden?

Winking Das liegt hauptsächlich in den Händen von Martin Froh und Stefan Waselowsky. Meistens schlagen sie vor, welches Projekt an welchem Standort betreut werden könnte. Das hängt natürlich auch von ganz pragmatischen Erwägungen ab. Etwa, in welchem Büro gerade welche Kapazität frei ist, um ein Projekt zu betreuen, oder sich an einem Wettbewerb zu beteiligen.

Tietz Inwieweit wird Ihr Entwurf dadurch beeinflusst, ob ein Haus für Berlin, Hamburg, Bremen oder gar Hangzhou geplant wird?

Winking Das ist ein ganz zentraler Punkt. Gerade bei unseren Projekten in Bremen, die übrigens in Berlin konzipiert wurden, wird für mich besonders deutlich, dass es sich um hanseatische Bauwerke handelt. Diese Häuser können in dieser bestimmten Art nur für Bremen entstehen. Bremen, diese kleine schöne Schwester von Hamburg. Die Bremer sind eben wieder ein wenig anders als die Hamburger. Sehr selbstbewusst, aber zugleich in einer gewissen Konkurrenz zu Hamburg. Baulich bedeutet das, darauf zu achten, dass Bremen kleinmaßstäblicher angelegt ist als Hamburg. Das zeigt sich schon bei dem typischen Wohnhaus dort, dem klassischen Bremer Haus.

Tietz Werden Projekte, die Sie entwickeln, dadurch befruchtet, dass Sie Erfahrungen mit einbringen, die Sie an anderen Orten gesammelt haben?

Winking Damit sprechen Sie einen weiteren wichtigen Aspekt an. Die Entwürfe, die wir in China verwirklichen durften, haben uns durch ihre gewaltige Größe in die Lage versetzt, auch in Deutschland sehr große Projekte zügig umzusetzen. Dabei handelt es sich wiederum um eine der besonderen Stärken von Martin Froh. Ich bin der festen Überzeugung, dass wir eine Aufgabe wie in Heidelberg oder am Alten Wall in Hamburg nur deshalb gut machen können, weil wir zuvor bereits in China große Projekte verwirklicht haben. Dabei hat beides formal kaum etwas miteinander zu tun. Andererseits konnten wir in China mit Qualitäten des Entwurfs, der Handwerklichkeit und des Materials überzeugen, die wir aus unserer Arbeit in Deutschland mitbrachten. Insofern kommen die Dinge wieder zurück und zusammen und es ergeben sich gegenseitige Bezüge aus unterschiedlichen Orten.

Tietz Bei welchen Ihrer Arbeiten kristallisiert sich in Ihren Augen der Charakter des Ortes ganz besonders deutlich heraus?

Winking Ein Beispiel für eine solche Ortsgebundenheit wäre unser Baufeld im Überseequartier in Bremen, wo wir uns einerseits funktional an das Bremer Haus herantasten und andererseits formal einem nordischen Stil annähern, wenn es denn so etwas überhaupt gibt.

Baukulturelle Inspirationen

Winking This lies mainly in the hands of Martin Froh and Stefan Waselowsky. Usually they suggest which location is best suited to running a project. Sometimes that is a product of purely pragmatic considerations – for example, which office has the capacity to take it on, or to develop a design for a competition.

Tietz To what extent is the building design influenced by whether it is designed for a location in Berlin; Hamburg; or, for that matter, Hangzhou?

Winking That is a very central aspect of our work. When I look at our projects in Bremen, which by the way were designed in Berlin, they have a very Hanseatic character. These buildings, with their specific forms, can only be built in Bremen – which is Hamburg's pretty little sister – and the people of Bremen also have a slightly different character: very self-confident but also to a certain extent in competition with Hamburg. In terms of the architecture, that means respecting the smaller scale of Bremen compared with Hamburg. And one can see that in the traditional house type of the region: the Bremer house.

Tietz Are new projects that you develop informed by experiences you have gained in other places?

Winking Yes, that is another important aspect. The designs that we have been able to realise in China have, through their enormous scale, helped us realise large projects more quickly in Germany. This, again, is one of Martin Froh's particular strengths. I am convinced that our ability to handle projects like those in Heidelberg or at the Alter Wall in Hamburg has gained enormously through our experience of realising large-scale projects in China. Formally, though, the two have very little in common. At the same time, we were able to bring the quality of design, craftsmanship and material knowledge we have in Germany to our projects in China. In this respect, things have come full circle and our various experiences from different places complement and enrich one another.

Tietz Which of your projects would you say particularly embodies the character of its place?

Winking One project that exemplifies this sense of being of its place is our design for the Überseequartier in Bremen, where we both draw on the functional model of the Bremer house and also make formal references to a Nordic style – if there is such a thing.

Another example is the sheltered housing for the elderly in Bad Segeberg. The ensemble of brick buildings is embedded like a small town into the sloping site near the lake. In Prague, we referenced the classical modernism of the 1920s and 1930s, and in Fischbeker Heidbrook, we drew inspiration from the white half-timbered houses

Ein weiteres Beispiel sind die seniorengerechten Wohnungen in Bad Segeberg. Wie eine kleine Stadt fügt sich das Ensemble aus Ziegel dort in die vorhandene Hanglage in der Nähe des Sees ein. In Prag haben wir die klassisch modernen Häuser der 1920er und 1930er Jahre in unserem Entwurf aufgegriffen, während uns beim Fischbeker Heidbrook die Häuser des Alten Landes mit ihrem weißen Fachwerk inspiriert haben. Bei den acht Wohnungsbauten dort haben wir das in die Schmuckverbände der Fassaden übersetzt.

Tietz   Und welche Arbeit von Winking Froh drückt für Sie das Hamburgische am deutlichsten aus?

Winking   Dazu gehört auf jeden Fall das Klassenhaus am Johanneum. Nicht nur, weil das Johanneum natürlich eine traditionsreiche Hamburger Institution darstellt, sondern auch, weil es mit seinem Ziegel von Petersen und seiner formalen Klarheit eine sehr zeitgemäße Antwort auf den benachbarten Schulbau des legendären Hamburger Oberbaudirektors Fritz Schumacher formuliert. Wichtig war bei dieser Bauaufgabe, die Zukunftsfähigkeit des Schulgeländes mitzudenken. So wie sich unser Gebäude räumlich zu dem Haus von Schumacher und zu dem erst vor kurzem errichteten Gebäude von Andreas Heller stellt, eröffnet es immer die Möglichkeit, zu einem späteren Zeitpunkt noch eine weitere Ergänzung hinzuzufügen. Sehr hamburgisch ist in meinen Augen auch unsere Davidwache, die stark durch Martin Frohs Ideen geprägt ist. Dort zeigt sich in der skulpturalen Ausbildung des Baukörpers eine neue, frische Art des Hamburgischen, mit der wir meines Erachtens ebenso konsequent wie zeitgemäß das Erbe der Moderne in der Stadt weiterentwickelt haben.

Tietz   Gibt es in Hamburg auch ein Bauwerk zu benennen, bei dem Sie von diesem hamburgischen Duktus bewusst abgewichen sind?

Winking   Das ist vielleicht am stärksten bei unserem Zollgebäude in der HafenCity der Fall, das ebenfalls sehr durch Martin Frohs Arbeit geprägt ist. Vielleicht ist dort Berlin wirklich einmal nach Hamburg herübergeschwappt. Beim Zollgebäude fällt die Horizontalität der Fassadengliederung besonders auf, die der Klassischen Moderne entspringt. Vielleicht wäre es mit dem wunderbaren Deutschlandhaus von Block und Hochfeld aus den 1920er Jahren vergleichbar, das diese Horizontalität ebenfalls thematisiert. Damit hat es für Hamburg eine gewisse Sonderstellung. Die meisten Hamburger Kontorhäuser besitzen eher eine vertikale Struktur.

Froh   Vielleicht muss man dafür gar nicht unbedingt bis nach Berlin schauen. Diese Unterschiede zeigen sich ja bereits in Hamburg selbst, wenn man die Arbeiten Fritz Schumachers mit denen von Gustav Oelsner und Karl Schneider vergleicht.

of the Altes Land region, translating this association as brick-course banding on the façades of the eight apartment blocks.

Tietz   And which of Winking Froh's projects do you find most archetypal of the character of Hamburg?

Winking   The classroom building at the Johanneum is definitely one of them. Not just because the Johanneum is a Hamburg institution steeped in tradition but also because, with its brickwork by Petersen and its formal clarity, it formulates a very contemporary response to the neighbouring school building, which was designed by the legendary city architect of Hamburg, Fritz Schumacher. It was also important to consider future expansions on the school grounds. The way our building relates spatially to Schumacher's building, and to the recently constructed building by Andreas Heller, means that there is always the possibility of adding a further addition on the site at a later date. Another project that for me conveys the spirit of Hamburg is the Davidwache police station, which at the same time strongly bears the signature of Martin Froh. The sculptural articulation of the building form introduces a new vocabulary to the way of building in Hamburg in a manner that is, in my view, at once contemporary and consistent with that tradition, enriching the heritage of modernism in the city.

Tietz   Is there a building in Hamburg in which you have deliberately deviated from the Hamburg style?

Winking   I think this is most evident in the Main Customs Office building in the HafenCity, which also originates from Martin Froh's design. Perhaps Berlin really does spill over into Hamburg in this project. A particularly striking aspect is the horizontality of the façade, which stems from classical modernism. A comparable example is perhaps the wonderful Deutschlandhaus by Block and Hochfeld from the 1920s, which also has a strong horizontality to it. This sets it apart somewhat in Hamburg, as most of the city's Kontorhaus buildings tend to emphasise the vertical in their façades.

Froh   One doesn't even necessarily have to look as far as Berlin for this. One can also see these differences in Hamburg itself when one compares the buildings by Fritz Schumacher with the work of Gustav Oelsner and Karl Schneider.

Winking   Of all our buildings in China, the Ningbo Book City in Hangzhou perhaps most forcefully expresses the strongly emblematic nature of architecture in China today. We began with a configuration of buildings placed like books in order to achieve a corresponding pictorial architectural language. This included a bookshop with a floor area of 25,000 m²! That's more or less the size of an entire shopping mall in Germany. The administration facilities were accommodated

Winking Von unseren Bauten in China drückt die Ningbo Book City in Hangzhou vielleicht am stärksten das aus, was die Architektur heute in China ausmacht: Das ist die Zeichenhaftigkeit. Wir hatten zunächst Baukörper wie Bücher zusammengestellt, um dem typischen chinesischen Verlangen nach einer bildhaften Architektursprache zu entsprechen. Dazu gehörte übrigens auch ein Buchladen mit 25.000 Quadratmetern! Eine Größe, wie sie in Deutschland eine ganze Shoppingmall besitzt. Die geforderte Verwaltung haben wir in 80 Meter hohen Riegeln untergebracht. Dadurch entstand ein Bild, das an ein aufgeklapptes Buch erinnert. Die vorfabrizierten Ziegelelemente, die wir aufgrund der Höhe des Gebäudes aus Sicherheitsgründen verwenden mussten, nehmen das Motiv des Leinens bei den Buchrücken auf, der starre Sonnenschutz aus gegossenen kristallinen Gittern bildet die Seiten dieses Buches. Das ist so toll in China, dass man Menschen mit einem starken Bild überzeugen kann. In Hamburg ist das weniger der Fall. Es gibt also deutliche Unterschiede, ob wir in Hamburg, Berlin oder Hangzhou bauen. Das drückt sich in unserer Architektur aus. Unsere Bauten greifen jeweils die unterschiedliche Kultur und Tradition auf, auf die wir vor Ort stoßen.

in 80-metre-high blocks, which together created the impression of an open book. The prefabricated brick cladding panels, which were necessary for safety reasons in such a tall building, pick up the linen texture of bookbinding and the fixed shading elements, which are cast crystalline lattices, form, as it were, the pages of the book. It is refreshing how the Chinese are willing to embrace such a potent image. In Hamburg, that would not be so straightforward. There are therefore clear differences in how we build in Hamburg, Berlin or Hangzhou – and this is also evident in our architecture. Our buildings respond to the different cultures and traditions we encounter in their respective places.

Polizeirevier / Police Station

Davidwache

Die Davidwache wurde 1913 von Fritz Schumacher in Form eines giebelständigen Bürgerhauses mit deutlicher Orientierung zum Spielbudenplatz entworfen. Die Erweiterung stellt den rückwärtigen denkmalgeschützten und bisher weithin sichtbaren Giebel frei und führt dennoch Alt- und Neubau durch ein Brückenbauwerk zusammen. Durch die Anordnung von gekoppelten Fensteröffnungen im ersten Obergeschoss, von Fensterbändern an der Kastanienallee und einer großzügigen Glasfassade an der Davidstraße entstand in Kombination mit dem Ziegel im sogenannten Sparverband ein Haus, das bewusst aus dem formalen Geist des Schumacher-Baus schöpft.

The Davidwache was designed by Fritz Schumacher in 1913 in the form of a gabled-fronted townhouse that faced onto Spielbudenplatz. The extension to the police station retains the prominent listed gable at the rear end, connecting old and new via a bridging structure. Its sculptural form – with paired window openings on the first floor, ribbon windows to the Kastanienallee and a large expanse of glazing to the Davidstrasse, coupled with brick laid in an alternating sailor-header bond – results in a demonstratively contemporary addition that nevertheless honours the formal spirit of Schumacher's original.

Hamburg, Deutschland
Projektart: Wettbewerb 2002, 1. Preis
Bauherr: Hamburger Gesellschaft für Vermögens-
und Beteiligungsverwaltung
HNF: 820 m²
Bauzeit: 2003–2004

Hamburg, Germany
Project type: Competition 2002, 1st prize
Client: Hamburger Gesellschaft für Vermögens-
und Beteiligungsverwaltung
Usable floor area: 820 m²
Construction period: 2003–2004

LAGEPLAN / SITE PLAN

ZUSAMMENFÜHRUNG VON ALT- UND NEUBAU AN DER DAVIDSTRASSE /
TRANSITION FROM OLD TO NEW BUILDING ON DAVIDSTRASSE

DIE GROSSZÜGIGE GLASFASSADE AN DER DAVIDSTRASSE
GLAZED FRONT ON DAVIDSTRASSE

Zheda Gemini-Türme
Zheda Gemini Towers

Die Anlage besteht aus zwei identischen Hochhäusern, die eine erhöhte, öffentlich zugängliche Plaza räumlich fassen. Durch die Terrassierung von sechs bis hin zu 24 Geschossen entstehen begehbare Dachgärten. Mit der perspektivischen Überlagerung beider Gebäudeteile erhält der Entwurf je nach Standort eine sehr spannungsvolle räumliche Präsenz im offenen Stadtraum. Das Ensemble aus grauem Naturstein gibt sich tektonisch und rational. Eine Besonderheit besteht in der sich nach oben verjüngenden Plastizität der Fassaden. Die chinesischen Bezüge werden typologisch und städtebaulich durch das Anknüpfen an die traditionellen Lilong-Bauweisen Hangzhous und die Schaffung eines inneren Raums hergestellt.

The complex comprises two identical high-rise towers that define an elevated, publicly accessible plaza. Further accessible roof gardens are created by the terracing of between six and twenty-four storeys of accommodation. The way in which the two buildings overlap when seen from different positions gives the complex a dynamically varying spatial presence in the urban realm. Clad in a grey stone, the ensemble has a tectonic, rational character that nonetheless tapers fluidly towards the top. By drawing inspiration from traditional Lilong (lane) housing and the creation of an inner space, the project makes reference to Chinese typologies and the urban realm of Hangzhou.

Hangzhou, China
Projektart: Wettbewerb 2004, 1. Preis
Bauherr: Zheda Wangxing Informatik Holdings
BGF: 150.000 m²
Fertigstellung: 2012

Hangzhou, China
Project type: Competition 2004, 1st prize
Client: Zheda Wangxing Informatik Holdings
GFA: 150,000 m²
Completion: 2012

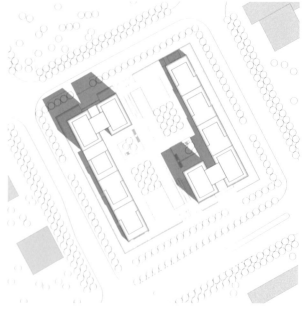

LAGEPLAN / SITE PLAN

BLICK VON DER WENTAO ROAD RICHTUNG NORDEN / VIEW FROM WENTAO ROAD TOWARDS THE NORTH

DER XINHUA BOOK STORE / THE XINHUA BOOK STORE

Ningbo Book City

Die Book City, eine Nutzungsmischung aus Mega-Bookstore, kulturellen Einrichtungen, modernen medienorientierten Büroflächen, Freizeit-, Hotel- und Gastronomienutzung, ist auf dem Gelände einer denkmalgeschützten Reismühle am Ufer des Yongjiang-Flusses als Stadt in der Stadt konzipiert. Das architektonische Konzept sah vor, allen vorhandenen Gebäuden eine neue bauliche Schicht hinzuzufügen: durch Aufstockung oder durch An- und Umbauten. Die Neubauten beziehen sich formal auf die Tianyige-Bibliothek, eine der ältesten Privatbibliotheken Ningbos und Chinas, durch die Verwendung von Ziegel und kristallinen Fenstergittern und die Form eines aufgeschlagenen Buchs.

Book City, built on the site of a historical rice mill on the banks of the River Jongjiang, is home to a mix of uses including a book megastore, cultural facilities, modern office spaces with a media focus and leisure facilities as well as a hotel and restaurants. The architectural concept contributes a new layer to each of the existing buildings, either by adding further storeys or via an extension or insertion. The new buildings make formal reference to Tianyige Library, one of the oldest private libraries in Ningbo and China, through their use of brick and crystalline-mesh window-shading elements as well as through their overall form reminiscent of an open book.

Ningbo, China
Projektart: Wettbewerb 2005, 3. Preis
Bauherr: Ningbo Newspapering Group
BGF: 65.000 m²
Bauzeit: 2007–2010

Ningbo, China
Project type: Competition 2005, 3rd prize
Client: Ningbo Newspapering Group
GFA: 65,000 m²
Construction period: 2007–2010

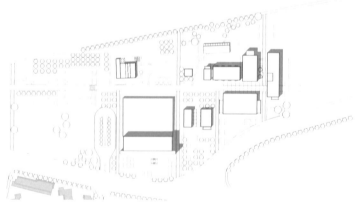

LAGEPLAN / SITE PLAN

BOOK CITY VOM JONGJIANG FLUSS AUS GESEHEN / BOOK CITY SEEN FROM THE JONGJIANG RIVER

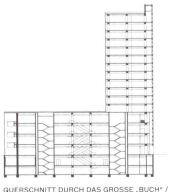

QUERSCHNITT DURCH DAS GROSSE „BUCH" /
CROSS-SECTION OF THE LARGE "BOOK"

FASSADENDETAIL, GITTERWERK /
FAÇADE DETAIL, LATTICEWORK

GIEBELANSICHT DES GROSSEN „BUCHES" /
GABLE OF THE LARGE "BOOK"

ANSICHT SHANGHAIALLEE / FAÇADE ON SHANGHAIALLEE

Hauptzollamt HafenCity
HafenCity Main Customs Office

Der Neubau für 550 Mitarbeiter des Hauptzollamtes Hamburg-Stadt greift das Thema der offenen, „perforierten" Bauweise der HafenCity auf. Ein kompakter, siebengeschossiger L-förmiger Baukörper schließt den Block östlich des Magdeburger Hafens mit seinen zum Teil denkmalgeschützten Speichern aus den 1950er Jahren. Im Erdgeschoss befindet sich das Zollamt der Post. Das Herzstück des Hauses bildet eine Kassenhalle im ersten Obergeschoss. Aus der leichten Trapezform des Grundstücks und dem Orthogonalen der Grundrisse entstand das Spiel plastischer Fensterbänder in Form von Kastenfenstern.

The new building for the 550 employees of the Main Customs Office in Hamburg's HafenCity adheres to the open, "perforated" grain of the HafenCity. A compact, seven-storey, L-shaped building marks the edge of the block east of the Magdeburger Hafen, with its partially listed warehouses from the 1950s. The ground floor is used by the post office customs department, but the heart of the building is a cashier hall on the first floor. The interplay between the slightly trapezoidal shape of the site and the orthogonal floor plans results in the sculptural, indenting and protruding window bands.

Hamburg, Deutschland
Projektart: Wettbewerb 2006, 1. Preis
Bauherr: Bundesbauabteilung Hamburg
BGF: 12.140 m²
Bauzeit: 2009–2011

Hamburg, Germany
Project type: Competition 2006, 1st prize
Client: Federal Building Department Hamburg
GFA: 12,140 m²
Construction period: 2009–2011

LAGEPLAN / SITE PLAN

INNENHOF / INNER COURTYARD

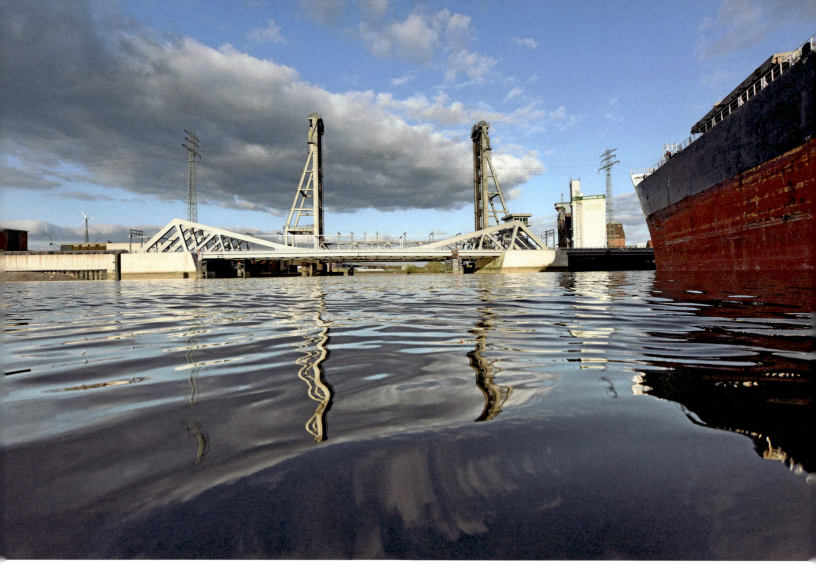

RETHEBRÜCKE GESCHLOSSEN / RETHEBRÜCKE CLOSED

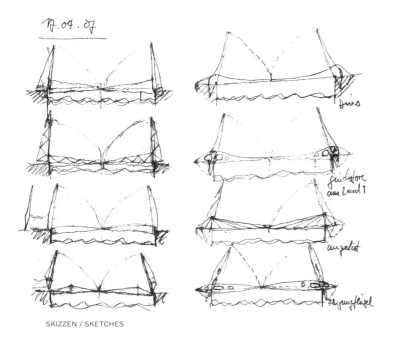

SKIZZEN / SKETCHES

RETHEBRÜCKE GEÖFFNET / RETHEBRÜCKE OPEN

2007

Rethebrücke
Bridge over the Rethe

Europas größte Klappbrücke mit 104 Meter Spannweite ersetzt die 1934 in Hamburg erbaute Hubbrücke über die Rethe. Die hydraulische Klappbrücke erlaubt eine unbegrenzte Durchfahrtshöhe für die immer größer werdenden Transportschiffe. Beim Öffnen der Brücke klappen vier Flügel je 50 Meter nach oben. Das kräftige Stahlfachwerk passt sich in die ruppige Hafenumgebung ein und hebt sich gleichzeitig mit seiner klaren Formensprache vor dem heterogenen Hintergrund ab.

Europe's largest bascule bridge, with a span of 104 metres, replaces the original vertical-lift bridge over the Rethe from 1934. The bascule bridge – with its four 50-metre-long, hydraulically operated raising sections – provides unlimited clearance, making it possible for the port's ever-larger freight ships to pass. The bridge's sturdy trusswork sits well in its dockland context while also signalling its presence within the disparate surroundings through its formal clarity.

Hamburg, Deutschland
Projektart: Auftrag
Bauherr: HPA Hamburg Port Authority
BGF: 2.520 m²
Bauzeit: 2011–2017

Hamburg, Germany
Project type: Direct commission
Client: HPA Hamburg Port Authority
GFA: 2,520 m²
Construction period: 2011–2017

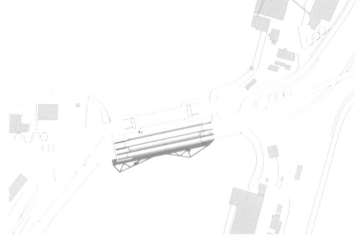

LAGEPLAN / SITE PLAN

ANSICHT GROSSE SEESTRASSE / VIEW FROM GROSSE SEESTRASSE

TREPPENHAUS / STAIRCASE

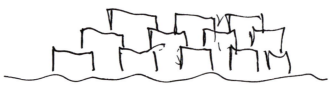

SKIZZE / SKETCH

Wohnanlage / Residential Home

Am Gasberg

Die Wohnanlage liegt an der Schnittstelle zwischen der inneren Stadt und den Kliniken westlich vom Segeberger See. Der Lagegunst in der Stadt wird mit einer verdichteten Bebauung entsprochen. In der neuen Wohnanlage bilden sich einzelne Einheiten nach außen ab, so dass ein direkter Bezug zu der kleinmaßstäblich bebauten Nachbarschaft hergestellt wird. Überwiegend geneigte Dachflächen betonen diesen Charakter. Mit der Rückstaffelung der Obergeschosse zur Großen Seestraße wird das Bild von einem Dorf am Hang zitiert, welches sich aus überwiegend zweigeschossigen Häusern zusammensetzt.

Situated directly between the town centre and clinics to the west of the lake, the residential home for the elderly forms a dense cluster of volumes in the vicinity of the Segeberger See. By articulating individual units of the building as legible volumes, the complex relates to the small-scale grain of the residential neighbourhood – as do its predominantly sloping roof forms. The top floors facing Grosse Seestrasse step back so that the complex evokes the image of a clustered hillside village of two-storey houses.

Bad Segeberg, Deutschland
Projektart: Wettbewerb 2010, 1. Preis
Bauherr: GPE Gasberg Projektentwicklungsgesellschaft
BGF: 8.600 m²
Bauzeit: 2012–2014

Bad Segeberg, Germany
Project type: Competition 2010, 1st prize
Client: GPE Gasberg Projektentwicklungsgesellschaft
GFA: 8,600 m²
Construction period: 2012–2014

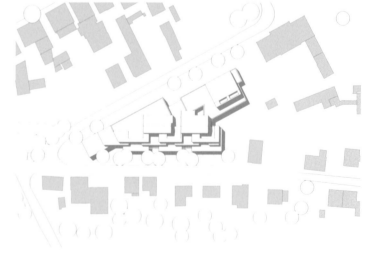

LAGEPLAN / SITE PLAN

KLASSENHAUS MIT KASKADENARTIGER FREITREPPE / CLASSROOM BUILDING WITH CASCADING STAIRCASE

HAUPTGEBÄUDE MIT ERWEITERUNGSBAUTEN / MAIN BUILDING WITH EXTENSIONS

TREPPENHAUS / STAIRCASE

Klassenhaus / Classroom Building

Johanneum

Das Hauptgebäude des Johanneums von Fritz Schumacher aus der Zeit der Reformarchitektur repräsentiert die traditionsreiche Schule an der Maria-Louisen-Straße. Mit dem Klassenhaus entsteht auf der Südseite, zusammen mit dem Forum aus dem Jahr 2007, ein Ensemble aus neuen und denkmalgeschützten Bauten. Mit seinem plastischen Sockel staffelt sich der Neubau vom Schulhof zu einem dreigeschossigen Hauptbaukörper zurück. Die kaskadenartige Freitreppe mit Sitzstufen führt als prägendes Element vom Hof zu den Terrassen der Obergeschosse. Die Klinkerfassade des Neubaus nimmt die Farbigkeit des Ziegels des Forums auf. In dieser Abwandlung beziehen sich die beiden Erweiterungsbauten in ihrer Materialität auf den Hauptbau und heben sich mit ihrer Farbigkeit als etwas Neues im Ensemble ab.

Fritz Schumacher's school building on the Maria-Louisen-Strasse is an iconic work of reform architecture and is the public face of the esteemed Johanneum school. The new classroom building on the south side of the rear courtyard forms an ensemble together with the earlier Forum building from 2007. With its sculptural form, the new building steps back on several levels from the school courtyard, reaching an overall height of three storeys. A cascade of stairs runs between the terraces on its upper floors and the courtyard. The dark clinker-brick façade picks up the colour of the Forum's brickwork, so that in their materiality the two additions establish a connection to the main building while also asserting their independence as new additions to the ensemble.

Hamburg, Deutschland
Projektart: Wettbewerb 2013, 1. Preis
Bauherr: SBH | Schulbau Hamburg
BGF: 1.460 m²
Bauzeit: 2015–2016

Hamburg, Germany
Project type: Competition 2013, 1st prize
Client: SBH | Schulbau Hamburg
GFA: 1,460 m²
Construction period: 2015–2016

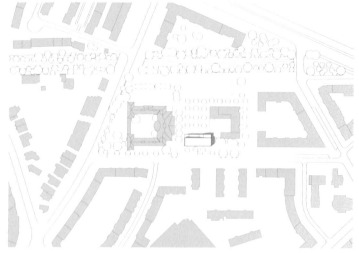

LAGEPLAN / SITE PLAN

Quartiersmitte / Neighbourhood Centre

Fischbeker Heidbrook

Die Quartiersmitte der von der IBA Hamburg zu einem Wohngebiet entwickelten ehemaligen Röttiger-Kaserne in Neugraben-Fischbek umfasst 164 Wohnungen und eine Kindertagesstätte. Jeweils vier Häuser formen einen offenen Wohnhof. Sie gliedern sich in einen flachen, dreigeschossigen Sockel und eine Krone mit fünfgeschossigen Kopfbauten. Die Fassaden greifen die Materialität der Elbmarsch mit ihrem weißen Fachwerk und dekorativen Ziegelornamenten auf und interpretieren sie neu durch helle Putzbänder und hausweise unterschiedliche Ziegelpfeiler zwischen den Fenstern.

The new centre of the neighbourhood on the grounds of the former Röttiger Barracks in Neugraben-Fischbek comprises 164 apartments and a children's nursery. Four buildings enclose an open residential courtyard, each with a three-storey base that rises to five storeys at one end. The façades refer to the materiality of traditional houses from the Elbmarsch with their white half-timbering and decorative brick ornamentation, reinterpreting these as light-coloured bands of render and varying brick bonds in the masonry panels between the windows of the different buildings.

Hamburg, Deutschland
Projektart: Gutachterverfahren 2014, 1. Rang
Auslober: IBA Hamburg
Bauherr: FHB GmbH & Co. KG
BGF: 16.144 m²
Bauzeit: 2018–2020

Hamburg, Germany
Type of project: Expert evaluation 2014, 1st place
Client: IBA Hamburg
Client: FHB GmbH & Co. KG
GFA: 16,144 m²
Construction period: 2018–2020

LAGEPLAN / SITE PLAN

„Wir planen Häuser, die 100 Jahre stehen sollen"

Bewahrende Transformation

2004 Instenhäuser Jürgensallee, Hamburg, Deutschland
2004 Jürgensallee Insten Houses, Hamburg, Germany

2008 Hochhaus Esplanade 40, Hamburg, Deutschland
2008 Esplanade 40 High-Rise, Hamburg, Germany

2011 Hotel Alte Kaffeebörse, Hamburg, Deutschland
2011 Hotel Alte Kaffeebörse, Hamburg, Germany

"We design buildings to last 100 years"

Conservationist transformation

2013 Rathaus
Schöneberg, Berlin,
Deutschland
2013 Schöneberg
Town Hall,
Berlin, Germany

2015 Verwaltung
Elektrostahlwerke
H.E.S., Berlin,
Deutschland
2015 Elektrostahlwerke
H.E.S. Headquarters,
Berlin, Germany

2016 Heilwig-
Gymnasium, Hamburg,
Deutschland
2016 Heilwig
Grammar School,
Hamburg, Germany

2016 Schule Forsmann-
straße, Hamburg,
Deutschland
2016 Forsmannstrasse
School,
Hamburg, Germany

Tietz Sowohl in Hamburg als auch in Berlin haben Winking Froh Architekten ihre Büros in historischen Gebäuden. In Berlin arbeiten Sie in einem Hinterhof in der Sophienstraße im Bezirk Mitte, in Hamburg befindet sich Ihr Büro im Welterbe der Speicherstadt. Inwieweit spiegelt sich in der besonderen Atmosphäre dieser historischen Orte Ihr Umgang mit dem gebauten Bestand wider?

Winking Ich gebe zu, dass ich immer sehr gerne hierher in die Speicherstadt komme. Wir sind uns bewusst, dass wir in ganz besonderen Räumen leben und arbeiten dürfen. Gelegentlich, bei besonderen Wetterumschwüngen, riecht man in diesem ehemaligen Speicher sogar noch die Pistazien, die hier einmal gelagert wurden. Übrigens ein sehr angenehmer Duft.

 Als Student habe ich bei Godber Nissen im „Haus der Seefahrt" gearbeitet. Das war das erste Hamburger Kontorhaus, das nach der Jahrhundertwende in Stahlbetonbauweise errichtet wurde. Später hatte ich selbst die Gelegenheit, dieses Haus mit seinen wunderbaren Düften auf den neusten technischen Stand zu bringen. Jetzt stehen wir erneut vor der Aufgabe, das Haus den neuen Anforderungen anzupassen. Nicht weit davon entfernt stand der Dovenhof, der für den Neubau der Spiegel-Insel abgerissen wurde. Das war schade. Aber für uns heute ist die neu entstandene Spiegel-Insel von Werner Kallmorgen schon wieder ein Denkmal. All diese Facetten gilt es, als Teile der Stadt zu begreifen, sie zu erhalten und zugleich für die Zukunft fortzuschreiben, so wie wir das auch gemacht haben. Insofern ist das Umbauen von alten Häusern aus ganz unterschiedlichen Epochen ein Grundsatz in unserem Büro. Es gehört sozusagen zu unserer eigenen architektonischen DNA.

Tietz Wo immer möglich, steht Winking Froh also für eine Kultur der Reparatur und des Weiterbauens?

Winking Richtig. Wir haben ja ganz in der Nähe unseres Hamburger Büros ein Hotel in ein Haus von Kallmorgen eingefügt. Dort ist es uns gelungen, die Struktur des Stahlbetonbaus zu erhalten, obgleich das Material, das er damals in der Nachkriegszeit verwendet hatte, nicht besonders gut war. Aber es war möglich und deshalb haben wir es auch gemacht. Dadurch kann das Haus nun wieder für ein oder zwei Generationen stehen. Wir planen immer Häuser, die 100 Jahre stehen sollen. Bisher ist noch keines unserer Häuser abgerissen worden – und ich möchte es auch nicht erleben.

Froh Die Themen Umbauen und Weiternutzen nehmen eine immer größere Bedeutung ein. Das betrifft Gebäude aus ganz unterschiedlichen Baugattungen und Epochen. In Hennigsdorf standen wir vor der Frage, ob wir einen Typenbau der Elektrostahlwerke aus den 1960er Jahren abreißen oder neu bauen. Wir haben vorgeschlagen, die vorhandene Substanz zu erhalten und für die neue Hauptverwaltung umzubauen.

Tietz In both Hamburg and Berlin, the offices of Winking Froh Architekten are situated in historical buildings. In Berlin you work from offices in a rear courtyard off Sophienstrasse in the Mitte district, and in Hamburg your office is situated in the World Heritage Site of the Speicherstadt. To what extent does the special atmosphere of these historical locations influence your approach to the built environment?

Winking I have to say I always enjoy coming to the Speicherstadt, and we are aware that we are fortunate to be able to live and work in such special environments. Occasionally, especially when the weather changes, one can still smell the pistachios that were once stored in the former warehouse building – a rather pleasant fragrance, I must say.

As a student I worked for Godber Nissen in the "Haus der Seefahrt", which was the first merchants' building to be built in reinforced concrete after the turn of the century. Later, I had the opportunity to renovate this building, with its wonderful smells, and bring it into line with the latest standards. And now we are once again faced with the task of adapting the building to meet new requirements. Not far from there was the Dovenhof, which was demolished to make way for new buildings on Spiegel-Insel. That was a pity, but in the meantime the buildings that replaced it, designed by Werner Kallmorgen, have themselves become listed monuments. All these facets are equally valid parts of the city that should be preserved but at the same time carried forward into the future, as we did with our project for the site. In this respect, the conversion of existing buildings from quite different eras is a key aspect of our office's work. It is, so to speak, part of our own architectural DNA.

Tietz So wherever possible, Winking Froh stands for a culture of repair and reuse?

Winking Correct. Not far from our office in Hamburg, we inserted a hotel into one of Kallmorgen's buildings. We were able to preserve the structure of the reinforced-concrete building from the post-war period, although the material he used at the time was not particularly good. But it was possible, and that's why we did it. As a result, the house can now serve a couple more generations. We always design buildings to last 100 years, and so far none of our works has been demolished – and I hope I never see that happen.

Froh Conversion and reuse are becoming increasingly important topics, and they apply to buildings of very different types and eras. In Hennigsdorf, we were faced with the question of whether to demolish a typical electrical steelworks from the 1960s or to build a new one. We proposed preserving the existing substance and converting it for use as the new headquarters. At the time, new construction or conversion cost about the same as each other. In Berlin's Rankestrasse, we are currently planning the conversion of one of the oldest existing fire

Neubau oder Umbau waren dabei in etwa gleich teuer. In der Berliner Rankestraße planen wir gerade eine der ältesten Bestandsfeuerwachen um. Dieser offensive Ansatz, Bestandsbauten zu erhalten, selbst wenn sie nicht unter Denkmalschutz stehen, weist meines Erachtens den Weg in die Zukunft.

Tietz Hat es Ihren Umgang mit dem Bestand und seiner Substanz geprägt, dass Sie selbst den Beruf des Maurers gelernt haben, ehe Sie begannen Architektur zu studieren?

Winking Unbewusst spielt das bestimmt eine ganz wichtige Rolle. Ich erinnere mich, wie ich an der Jarrestadt vor vielen Jahren mit dem Polier die Ziegelverbände ausgelegt habe. So etwas lernt man nicht an der Hochschule. Das lernt man nur, wenn man es selbst auf dem Bau machen muss. Und es macht mir großes Vergnügen. Deshalb baue ich auch gerne mit Ziegel, weil es ein tolles, dauerhaftes Material ist. Heute ist das Bauen mit Ziegel ja wieder sehr beliebt, im Gegensatz zu den 1980er und 1990er Jahren. Heute werden auch allerlei Zierverbände ausprobiert, von denen ich nicht sonderlich viel halte. Gut proportionierte Verbände reichen völlig aus. Da braucht es keine zusätzlichen Zierverbände. Der Ziegel lebt von sich aus.

Tietz Können Sie dem Begriff des Respekts etwas abgewinnen?

Winking Ja, unbedingt. Schließlich habe ich selbst vier Jahre auf dem Bau gearbeitet. Da erleben Sie, wie Häuser von Menschen gebaut werden, von Handwerkern, von guten Handwerkern.

Tietz Erhalten Sie aus der Sanierung und Weiterentwicklung historischer Bauten unterschiedlicher Epochen Impulse für die eigene Entwurfsarbeit bei Ihren Neubauten?

Winking Auf jeden Fall. Beispielsweise kann man von den Schulen und Turnhallen, die Paul Seitz in Hamburg gebaut hat, immer noch etwas lernen. Mit ihrer zweiseitigen Belichtung sind seine Hallen heute nach wie vor sehr gut. Einige Sachen würde man heute sicher anders machen. Die Zeit ist schließlich nicht stehengeblieben. Aber trotzdem lernt man von den Vorbildern der großen Kollegen von früher und man muss sich ganz schön anstrengen, um genauso qualitätvolle Bauten abzuliefern. Unser Ziel ist es, stets so gut zu bauen, dass sich das Alte und das Neue gegenseitig heben.

Tietz Für Sie ist der Dialog wichtiger als der Kontrast?

Winking Wir arbeiten immer aus dem Dialog heraus. Es gibt ja zwei unterschiedliche Arbeitsweisen. Entweder man setzt die Form, was viele Kollegen tun. Oder man entwickelt die Form. Wir gehören zu der zweiten Gruppe von Architekten. Wir entwickeln die Form im Lauf der Zeit

	stations. The active preservation and conversion of existing buildings, even when not listed, is, in my view, the only responsible way forward.
Tietz	Did the fact that you yourself learned to be a bricklayer before you began studying architecture influence the way you deal with existing buildings and building fabric?
Winking	Subconsciously, I think it certainly plays a very important role. I remember laying brick courses together with the foreman at Jarrestadt many years ago. You don't learn that at university, only when you have to do it yourself on the building site. And it gives me great satisfaction, which is why I still like building with brick. It's an excellent and durable material. Today, building with brick has become very popular again, in contrast to the 1980s and 1990s, but now we are seeing all kinds of experiments with ornamental brick coursing, which I am not particularly enamoured with. Well-proportioned brick masonry is quite sufficient without additional decoration – after all, brick is already sufficiently varied as a material on its own.
Tietz	So, is this what you could call a question of respect?
Winking	Yes, absolutely. After all, I worked in construction myself for four years. You experience how houses are built by people, by skilled workers and good craftspeople.
Tietz	Does the experience of renovating and converting historical buildings from different eras also inform your designs for new buildings?
Winking	Definitely. For example, there is still much one can learn from the schools and gymnasiums that Paul Seitz built in Hamburg. With windows on both sides, they still serve their purpose well today. Some things one would do differently nowadays – after all, time has not stood still – but one can still learn from the work of our best predecessors, and to achieve the same quality today requires quite some effort. Our goal is always to build so well that the old and new bring out the best in each other.
Tietz	So, for you dialogue is more important than contrast?
Winking	We always favour dialogue. There are two basic approaches: either you implant a new form, as many of our colleagues do, or you develop the form. We belong to the second type of architects. We arrive at the form over time by examining the task at hand and the existing context to which it will belong. For me, what Jacob Bakema said is still true today: "We try to fulfil the function and understand how it works, and when we have done that, we play with it." There's often more than one possible solution to a task. Within the range of possibilities that a task may afford, we begin to play and

durch die Auseinandersetzung mit der Bauaufgabe und dem Bestand, der vorhanden ist. Für mich gilt bis heute, was Jacob Bakema gesagt hat: „Wir versuchen, die Funktion zu erfüllen und durchdringen sie, und wenn wir das geschafft haben, spielen wir damit."

Es gibt ja nicht immer nur die eine einzige mögliche Lösung für eine Aufgabe. Im Rahmen der Möglichkeiten, die eine Aufgabe eröffnet, fangen wir an, damit zu spielen, und wenn wir Glück haben, finden wir auf unserem Weg jenen Schuss Poesie, der unsere Arbeit veredelt und besonders hervorhebt. Manchmal sind das nur kleine Dinge. Aber sie sind so wichtig, weil sie das Besondere eines Hauses ausmachen.

Tietz   Zu den ältesten Bauwerken, mit denen Sie sich bisher befasst haben, gehören die sogenannten Insten-Häuser für die Beschäftigten, die auf dem Landgut des Baron Vogt gearbeitet haben. Als sie sich der Häuser annahmen, waren sie schon fast verfallen …

Winking   … bei den Insten-Häusern hatten wir eine Verabredung mit der Denkmalpflege. Sie besagte, dass wir die kargen einfachen Fassaden zu den Straßenseiten mit den wenigen Fenstern und den geschlossenen Dächern wieder so herstellen, wie sie ursprünglich gewesen waren. Dafür durften wir auf der leider völlig kaputten Gartenseite mehr Fenster und Gauben hinzufügen. Das war wichtig, um diese ja sehr kleinen Häuser besser zu belichten und zu belüften. In der Reihe der neuen Insten-Häuser, die wir gleich gegenüber verwirklicht haben, greifen wir die weißen Balkone des „Drei-Eichen-Hauses" auf, das ganz in der Nähe steht. Es ist natürlich keine Kopie. Aber der Geist dieses Hauses steckt in den Neubauten, bei denen wir mit dem Vorbild gespielt haben, ganz so, wie es Bakema vorgeschwebt hat.

Tietz   Wie wichtig ist für Sie bei historischen Gebäuden die Zusammenarbeit mit der Denkmalpflege?

Winking   Die Denkmalpflege ist für uns gleichermaßen ein wichtiger Partner, wie eine Herausforderung, an deren Vorstellungen man sich konstruktiv abarbeiten muss. Gelegentlich ist es notwendig, den Erhaltungsvorstellungen der Denkmalpflege etwas Neues entgegenzusetzen, selbst wenn wir an vielen Stellen sehr gut miteinander zusammenarbeiten. Nur weil etwas alt ist, muss es ja nicht unbedingt über eine besondere und erhaltenswerte Qualität verfügen.

Tietz   Bei Ihrem neuen Hochhaus für die Esplanade bin ich persönlich besonders begeistert von der Schmalseite mit ihrer skulpturalen Metallfassade. Welche Rolle spielte für Sie die Inspiration durch die benachbarten Hochhäuser?

Winking   Das benachbarte BAT-Hochhaus folgte der Philosophie der 1960er Jahre, eine Scheibe zu errichten und deren Schmalseiten zu schließen. Nun bietet sich aber der schönste Ausblick auf die Alster ausgerechnet

> experiment – and, with a bit of luck, we hit upon the poetic ingredient that makes our work shine and stand out. It can be something quite small, but it is important because it turns a design into something special.

Tietz — Among the oldest buildings you have dealt with so far are the so-called Insten houses built for the workers on Baron Voght's estate. When you took on the project, the houses were already in a very poor state …

Winking — … in the case of the Insten houses, we came to an agreement with the conservation authorities: in return for restoring the simple, sparse street frontage with its few windows and long unbroken roof to its former state we would be allowed to add more windows and dormers on the rear side, which was already practically derelict. The houses are very small, and this concession made it possible to provide them with better lighting and ventilation. The row of new Insten houses that we built on the opposite side of the street picks up the white balconies of the "Drei-Eichen" (Three Oaks) house nearby. They are not a copy, of course, but the new buildings embody the spirit of the historical house. We played with the model, just as Bakema had envisaged.

Tietz — How important is it for you to cooperate with the conservation authorities when it comes to historic buildings?

Winking — The conservation authorities are an important but also a challenging partner, with whom we occasionally have to enter into constructive negotiations. For the most part we work together very well, but sometimes it is necessary to present alternative ideas to the purely conservation-oriented goals of the authorities. Just because a building is old doesn't mean it always has a special quality worth preserving.

Tietz — In your new high-rise for the Esplanade, I am personally particularly taken with the end elevation and its sculptural metal façade. How did the neighbouring high-rise buildings inspire you to reach this solution?

Winking — The neighbouring BAT building is a typical 1960s high-rise slab with the narrow ends closed off entirely. In this case, however, this is also where one has a most beautiful view of the Alster. For the new building, we discussed our options with the director of the city building department and reached an agreement whereby we would follow the principle of the closed-end façade of the BAT building while finding a way to introduce openings. It was a process that took considerable effort and discussion but in the end we came up with a large, folded but also perforated surface, which makes it possible to look out diagonally over the Alster. The end result is, I think, a small masterpiece. Today one sees, in an overall row of three high-rises, two skyscrapers – two sisters that are clearly related but not identical. It is, if you will, a creative approach to historical conservation.

von der Schmalseite der Hochhäuser. Deshalb haben wir uns mit dem Oberbaudirektor bei unserem Neubau darauf geeinigt, einerseits die geschlossene Metallfassade des BAT-Hochhauses nachzuvollziehen und andererseits eine Öffnung zu bewerkstelligen. Das hat uns viel, viel Mühe und Diskussionen gekostet. Aber schließlich haben wir eine größere gefaltete und perforierte Fläche entworfen, durch die man schräg auf die Alster schauen kann. Ich finde, das Ergebnis ist ganz wunderbar geworden. Heute sind die beiden Hochhäuser zwei Schwestern, die zwar nicht gleich sind, aber doch deutlich miteinander verwandt. Vielleicht kann man das als kreative Denkmalpflege bezeichnen.

Tietz Sie haben sehr anschaulich beschrieben, dass Sie sich bei jedem neuen Bauvorhaben zunächst intensiv mit dem Ort befassen, mit dem Genius Loci. Ist das Bauen im Bestand für Sie eine naheliegende Aufgabe, der in den letzten Jahren eine immer größere Bedeutung in Ihrer Arbeit zukommt?

Winking Das stimmt. Das Bauen im Bestand wird immer wichtiger, übrigens nicht nur für uns. Das gilt für das Sanieren und Umbauen dessen, was vorhanden ist ebenso wie für das Ergänzen und Weiterbauen. Wir beziehen uns mit unseren Häusern ja stets auf mehreren Ebenen auf das, was wir vorfinden, also sowohl auf die Gebäude selber als auch auf den Städtebau.

Ein wunderbares Beispiel dafür ist die Schule in der Forsmanstraße in Winterhude. Das Schulgebäude wurde von Albert Erbe errichtet, dem großen Konkurrenten von Fritz Schumacher, der in den Formen der Neorenaissance entworfen hat. Wir haben das Haus von Erbe mit seiner Ausstattung im Inneren, beispielsweise den Handwaschbecken in den Fluren oder den schönen Wandmalereien aus der Zeit der frühen Moderne der Reformarchitektur, auf einen Zustand zurückgeführt, der deutlich macht, welche Anliegen Erbe ursprünglich angetrieben haben. Zugleich haben wir die Dinge eingefügt, die heute unverzichtbar sind. Das gilt für die Brandabschnitte, aber auch für die zurückhaltenden neuen Leuchten in den Fluren. Neben den Bauakten und den Grundrissen bilden historische Fotografien eine wichtige Grundlage für unsere Arbeit. Bei unserem Vorgehen können wir inzwischen auf umfangreiche Erfahrungen zurückgreifen. Insgesamt ist es schließlich bereits die sechste Schule, die wir hier in Hamburg sanieren, umbauen und erweitern durften. Es macht einfach großen Spaß, sich einer solchen Aufgabe zu widmen und diese Dinge mit unseren Mitarbeitern hier im Büro ganz sensibel herauszuarbeiten. Nachdem man sich zunächst in die Unterlagen vertieft hat, zeigt sich gelegentlich, dass einige Dinge in der Wirklichkeit gar nicht so ausgeführt wurden, wie sie damals im Entwurf gedacht waren. Das bedeutet, dass man in die Substanz eingreifen muss und zugleich den Geist eines Gebäudes bewahrt. In solchen Situationen ist der gegenseitige fachliche Austausch mit der Denkmalpflege in Hamburg ganz besonders wichtig.

Tietz   You explained earlier quite lucidly how you deal intensively with the site and genius loci before embarking on a new building project. As such, building in an existing context would seem an obvious task that has gained growing importance in your work in recent years.

Winking   That's true. Building in existing contexts is becoming increasingly important. It applies not just to renovating and converting existing built fabric but also to extending and continuing the built environment as a whole. When we design, we attempt to make connections at several levels – both within the buildings themselves and with the urban situation.

An excellent example of this is the school on Forsmanstrasse in Winterhude. It was designed by Albert Erbe, Fritz Schumacher's great rival, who favoured neo-Renaissance forms in his work. We restored Erbe's building with its interior furnishings, such as the hand-wash basins in the corridors and the beautiful murals from the early modern period of reform architecture, to a state in which one can clearly see what Erbe had been striving for. At the same time, we have incorporated aspects that are necessary today, such as fire compartments, but also new, discreet lighting in the corridors. Alongside floor plans and archival records, historical photos also provide an important basis for conservation work. In addition, we can draw on our own experience, which is now considerable as this is the sixth school we have been able to refurbish, convert and extend here in Hamburg. It is immensely stimulating to delve into a task like this with the colleagues in our office and to work out appropriate, sensitive solutions. Sometimes we discover that a building was not actually built according to the original plans. As such, our proposals may represent an intervention in the building substance but we must still preserve the spirit of the original. In situations like this, it is vital that we can work constructively and professionally with the building-conservation authorities.

Another good example that illustrates our approach is the extension to Heilwig Grammar School in Hamburg-Alsterdorf. The school has one of the gymnasiums I mentioned earlier designed by Hamburg's then city architect Paul Seitz. It has the characteristic "Seitz ears", a product of raising the side walls of the gym above the roofline and placing a monopitch roof between them. We placed a new school building and gymnasium next to it. While it doesn't feature the ears, it has similar qualities and makes no attempt to hide its kinship with Seitz's building. In both the renovation and the extension, engaging with the respective pre-existing temporal layers was instrumental to our handling of the new and old. This is just as true for the two recently completed schools as it is for Spiegel-Insel or the Esplanade. When working in an environment that originated during the 1960s or 1970s, one has to examine and mentally engage with the values of that era. Our new buildings are, of course, state of the art in terms of their technical facilities and conformity with regulations. Yet they should complement the pre-existing period, enter into a dialogue with it and, as in the case of the Esplanade, incorporate it into an overall ensemble.

Ein weiteres gutes Beispiel, an dem unser Vorgehen deutlich wird, ist die Erweiterung des Heilwig-Gymnasiums in Hamburg-Alsterdorf. Dort steht die bereits erwähnte Typenturnhalle des ehemaligen Hamburger Baudirektors Paul Seitz. Ein Bau mit den sogenannten Seitz-Ohren: Seitz hat die Seitenwände der Turnhallen höher gezogen und dazwischen ein Pultdach gelegt. So entstanden diese typischen „Ohren". Daneben haben wir ein neues Schulhaus und eine neue Turnhalle errichtet. Wir haben dort keine neuen „Seitz-Ohren" gebaut, aber ein Haus mit einer ähnlichen Qualität, das seine Verwandtschaft, seine Bezugnahme auf Seitz nicht verschweigt. Sowohl bei der Sanierung als auch beim Weiterbauen ist die Auseinandersetzung mit den jeweiligen Zeitschichten, die wir vorfinden, von zentraler Bedeutung für unseren Umgang mit dem Bestand. Das gilt für die beiden Schulen, die gerade fertiggestellt wurden, genauso wie für die Spiegel-Insel oder die Esplanade. Wenn man dort in einem Umfeld aus den 1960er oder 1970er Jahren baut, dann muss man sich auch gedanklich in diese Zeit begeben und intensiv mit ihr auseinandersetzen. Der Neubau, den wir verwirklichen, bewegt sich natürlich auf dem neusten Stand der Technik und der Vorschriften. Aber man muss ihm zugleich ansehen, dass er die bereits vorhandene Zeitschicht ergänzt, sich mit ihr auseinandersetzt und, wie im Fall der Esplanade, zu einem Gesamtensemble ergänzt.

Es ist mir jedes Mal eine große Freude, an der Esplanade vorbeizukommen und zu sehen, wie gut sich unser drittes Hochhaus dort zwischen seine beiden älteren Geschwister einpasst und mit ihnen einen Zusammenklang schafft, so dass eine neue Gruppe entsteht. Es geht immer so schnell, etwas abzureißen. Aber dann ist es für immer verloren, wie beim City-Hof. Wir gehen, wo immer es möglich ist, einen anderen Weg. Statt diese älteren Schichten der Stadt abzureißen, weil man meint, das alles sei nichts wert, verfolgen wir eine bewahrende Idee von Stadt. Wir reparieren und ergänzen, was vorhanden ist, so, dass es für seine eigene Zeit steht und zugleich für die Gegenwart. Ich denke, darin drückt sich unsere Philosophie im Umgang mit dem Bestand immer wieder sehr deutlich aus. Gute Ergänzungen nobilitieren auch die älteren Häuser.

Every time I pass the Esplanade, it pleases me to see how well our third high-rise sits between its two older siblings, creating a new, harmonious ensemble out of the three buildings. A building is quickly torn down but then it is lost forever, as we have seen with the City-Hof in Hamburg. Wherever possible, we take a different approach: instead of eradicating the old, supposedly worthless layers of the city we pursue a policy of conservation and continuation. We repair and extend what already exists so that it stands for the period from which it originates as well as being of the present. I think this shows quite clearly our philosophy in dealing with the existing built context. Good additions also enrich existing buildings.

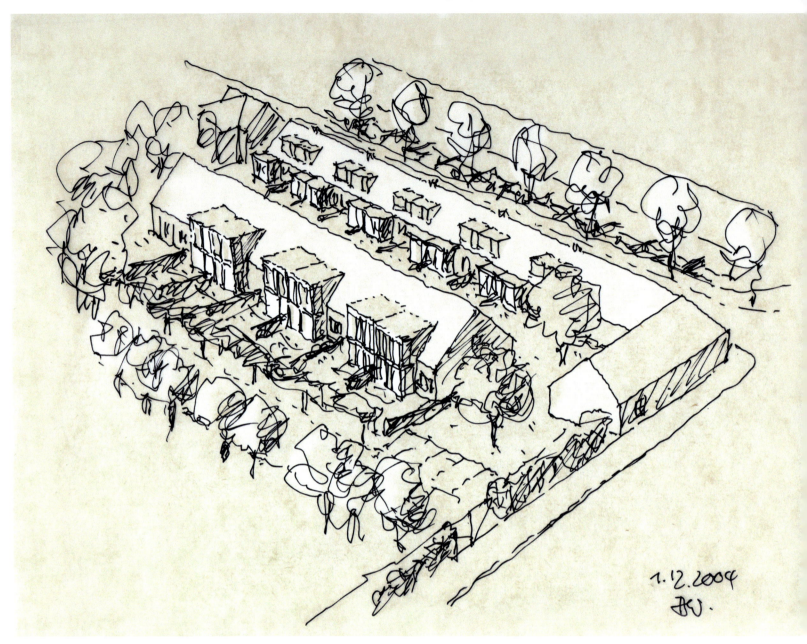

SKIZZE / SKETCH

STRASSENANSICHT / STREET VIEW

GARTENANSICHT / GARDEN ELEVATION

Instenhäuser Jürgensallee
Jürgensallee Insten Houses

Die unter Denkmalschutz stehenden, durch den Hamburger Kaufmann Caspar Voght errichteten Wohnhäuser für Tagelöhner („Instmänner") in der Jürgensallee waren eine sozialpolitische Errungenschaft des späten 18. Jahrhunderts. Die Revitalisierung der elf Instenhäuser und der angrenzenden Voght'schen Hofschmiede an der Baron-Voght-Straße erfolgte auf mehreren Ebenen. Zunächst wurde die historische Gebäudezeile auf ihrer nördlich orientierten Eingangs- bzw. Straßenseite nach historischem Vorbild restauriert und insgesamt konstruktiv wie technisch grundlegend saniert. Die Häuser auf der Gartenseite wurden um eine Dachgaube im Schlafraum und einen Vorbau im Wohnraum ergänzt, ohne den traditionellen Charakter der Häuser zu überformen.

In the late 18th century, the Hamburg merchant Caspar Voght built houses for his workers, the so-called Instmänner, along the Jürgensallee. As a sociopolitical novelty in their day, the eleven houses are now listed buildings and – together with the neighbouring smithy on Baron-Voght-Strasse – have been revitalised and extended. The street façade of the old row of buildings was first restored to its historical state, and the structure and technical fittings of the houses then comprehensively renovated. The garden façades along the backs of the houses were given additional dormers and wintergarden-like additions to the living rooms, improving the living conditions without impacting on the traditional character of the houses.

Hamburg, Deutschland
Projektart: Direktauftrag
Bauherr: Prof. Dr. Lutz Fischer, Dr. Karin Sievert-Fischer
BGF: 1.200 m²
Bauzeit: 2006–2008

Hamburg, Germany
Project type: Direct commission
Client: Prof. Dr. Lutz Fischer, Dr. Karin Sievert-Fischer
GFA: 1,200 m²
Construction period: 2006–2008

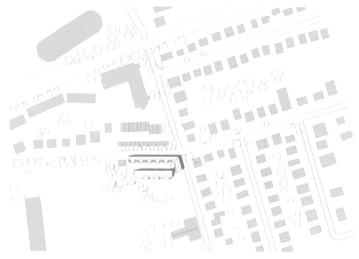

LAGEPLAN / SITE PLAN

Hochhaus / High-Rise

Esplanade 40

Der Neubau an der Esplanade 40 ist sich seiner besonderen Bedeutung im Stadtraum bewusst. Zwischen den beiden bereits 1959 und 1966 von Helmut Hentrich und Hubert Petschnigg errichteten Nachbarn – dem Verwaltungsbau für die British American Tobacco AG und dem von denselben Architekten zusammen mit Fritz Raffeiner errichteten Finnlandhaus – führt der dritte Turm die ursprüngliche städtebauliche Idee des „Rings der Solitäre um die Hamburger Innenstadt" fort. Statt des offenen Raums der Nachkriegszeit entsteht mit dem Neubau ein zeitgemäßer, nahezu geschlossen wirkender Straßenraum. Das neue Hochhaus nimmt die Kubatur, aber auch die wesentlichen Gestaltungsmerkmale und Materialien des ehemaligen BAT-Hauses auf und erreicht die Höhe des Finnlandhauses.

The new high-rise at Esplanade 40 occupies a site of particular urban significance between two neighbouring high-rises – the British American Tobacco headquarters, built in 1959 by Helmut Hentrich and Hubert Petschnigg, and the Finland House, built in 1966 by the same architects together with Fritz Raffeiner. The new, third tower continues the original urban design concept of "a ring of freestanding buildings around the centre of Hamburg", transforming the open space of the post-war architecture into an almost street-like row of buildings. The new building adopts the same proportions, essential design features and materiality of the former BAT building, and is as tall as the Finland House.

Hamburg, Deutschland
Projektart: Direktauftrag
Bauherr: Dieter Becken
BGF: 9.650 m²
Bauzeit: 2015–2017

Hamburg, Germany
Project type: Direct commission
Client: Dieter Becken
GFA: 9,650 m²
Construction period: 2015–2017

LAGEPLAN / SITE PLAN

FASSADENDETAIL / FAÇADE DETAIL

ANSICHT SÜDOST / VIEW FROM SOUTHEAST

ANSICHT VOM SANDTORKAI / VIEW FROM SANDTORKAI

ERWEITERUNG MIT RESTAURANT /
EXTENSION WITH RESTAURANT

BÖRSENSAAL / EXCHANGE HALL

Hotel Alte Kaffeebörse

Werner Kallmorgen hatte den Verwaltungsbau Speicher O 4–5 sowie das Gebäudeensemble der Kaffeebörse, letzteres in Zusammenarbeit mit Schramm und Elingius, in den Jahren 1954–1958 anstelle zweier im Krieg zerstörter Speicher auf alten Fundamenten neu errichtet. Beide Gebäude stehen unter Denkmalschutz und wurden grundlegend saniert, brandschutzertüchtigt und für eine hochwertige Nutzung als Vier-Sterne-Hotel mit 192 Zimmern, einem Restaurant und Veranstaltungsräumen umgestaltet. Dem Gebäudeensemble wurde ein moderner Erweiterungsbau für das Restaurant zum Fleet hinzugefügt. Im ersten Obergeschoss fasst eine neue zweigeschossige Arkade mit schlanken Stützen den verglasten neuen Baukörper. Das Achsmaß der neuen Stützen ist aus dem Bestandsgebäude abgeleitet.

Werner Kallmorgen built the Speicher O 4-5 and the Coffee Exchange, the latter in collaboration with Schramm and Elingius, between 1954 and 1958 on the foundations of two former warehouses destroyed during the war. Both buildings are now listed and have been comprehensively renovated, fire-insulated and upgraded for use as a four-star hotel with 192 rooms, a restaurant and function rooms. A modern, glazed extension was added to house the Restaurant zum Fleet, which is surrounded by a two-storey arcade of slender columns – their spacing derived from the structure of the existing building.

Hamburg, Deutschland
Projektart: Verhandlungsverfahren
Bauherr: HHLA Hamburger Hafen und Logistik AG
BGF: 11.000 m²
Bauzeit: 2012–2013

Hamburg, Germany
Project type: Negotiated procedure
Client: HHLA Hamburger Hafen und Logistik AG
GFA: 11,000 m²
Construction period: 2012–2013

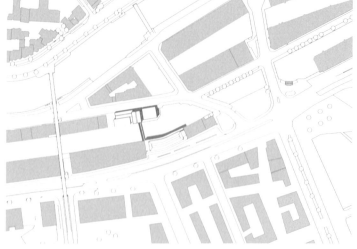

LAGEPLAN / SITE PLAN

BLICK IN DAS TREPPENHAUS / STAIRCASE FROM BELOW

Rathaus Schöneberg
Schöneberg Town Hall

2013

Die Umbau- und Sanierungsmaßnahmen am Rathaus Schöneberg, von 1949 bis zur Wiedervereinigung Amtssitz des Regierenden Bürgermeisters von Berlin, erfolgten im laufenden Betrieb und in mehreren Abschnitten. Sie umfassten die Neustrukturierung von Diensträumen sowie den Brandschutz mit zwei neuen Treppenhäusern in historischen Lichthöfen. Das Gebäude wurde 1911–1914 von den Architekten Jürgensen & Bachmann errichtet und nach starken Kriegsschäden ab 1945 vereinfacht wiederhergestellt. Angesichts der historischen Bedeutung des Rathauses Schöneberg für die Stadt wurde ein besonders sensibler Umgang mit der denkmalgeschützten Gebäudesubstanz und den verschiedenen Zeitschichten erwartet.

The conversion and refurbishment of Schöneberg Town Hall, the official residence of the governing Mayor of Berlin from 1949 until reunification, was carried out in several phases while the building was still in active use. It encompassed restructuring the office spaces, upgrading fire safety and inserting two new staircases in the historical atrium spaces. Constructed in 1911–1914 by the architects Jürgensen & Bachmann, the building was rebuilt after 1945 in a simpler form after suffering significant war damage. Given its significance for the city, the renovation had not only to sensitively restore the listed building fabric but also to reflect the different historical phases of the building.

Berlin, Deutschland
Projektart: Auftrag nach Vergabeverfahren
Bauherr: Bezirksamt Tempelhof-Schöneberg
BGF: 57.450 m²
Bauzeit: 2013–2020

Berlin, Germany
Project type: Commission after award procedure
Client: Tempelhof-Schöneberg district authority
GFA: 57,450 m²
Construction period: 2013–2020

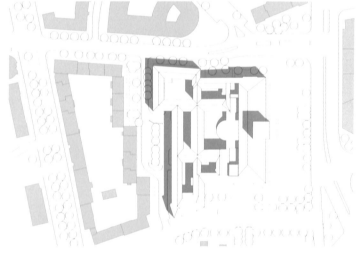

LAGEPLAN / SITE PLAN

UNTERNEHMENSZENTRALE / HEADQUARTERS BUILDING

EINGANG / ENTRANCE

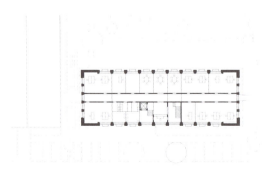

GRUNDRISS / FLOOR PLAN

Verwaltung / Headquarters
Elektrostahlwerke H.E.S.

Mit der Generalsanierung eines seit vielen Jahren ungenutzten Bestandsgebäudes von 1962 entstand auf dem Gelände des Hennigsdorfer Elektrostahlwerkes H.E.S. die neue Unternehmenszentrale für etwa 100 Mitarbeiter. Die Fassade wurde gedämmt, ohne die charakteristische Gliederung des ursprünglich verputzten Mauerwerksbaus mit seinen monumentalen Pfeilern und massiven Gebäudeecken aufzugeben. Eine Ziegelmauerschale im Märkischen Verband und Brüstungen aus dunklen Glaspaneelen greifen Merkmale der Industriearchitektur des frühen 20. Jahrhundert auf und übersetzen sie in die heutige Zeit.

The project encompasses the comprehensive refurbishment of an existing vacant building from 1962 on the steelworks site for use as a new company headquarters, providing office space for 100 employees. New insulation was added without altering the characteristic structure of the originally rendered building with its monumental pillars between the windows and pronounced corner sections. The new brick facing, laid in Märkischer bond (similar to the UK's "Flemish Garden Wall" bond), along with dark-glass balustrades pick up aspects of early 20th-century industrial architecture and translate them into the present day.

Berlin, Deutschland
Projektart: Auftrag
Bauherr: H.E.S. Hennigsdorfer Elektrostahlwerke GmbH
BGF: 2.475 m²
Bauzeit: 2016–2018

Berlin, Germany
Project type: Commission
Client: H.E.S. Hennigsdorfer Elektrostahlwerke GmbH
GFA: 2,475 m²
Construction period: 2016–2018

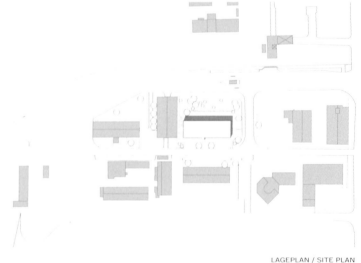

LAGEPLAN / SITE PLAN

TURNHALLE VON PAUL SEITZ UND RECHTS DANEBEN DAS NEUE KLASSENHAUS MIT EINGEGRABENER TURNHALLE /
PAUL SEITZ'S GYMNASIUM (LEFT) AND NEW CLASSROOM BUILDING WITH ENTRENCHED SPORTS HALL

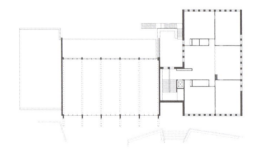

GRUNDRISS / FLOOR PLAN

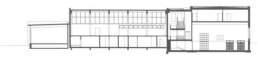

SCHNITT / SECTION

Heilwig-Gymnasium
Heilwig Grammar School

Das traditionsreiche Schwestergymnasium des Johanneums war als typische Serienschule nach Paul Seitz neu errichtet und anschließend mehrfach ergänzt worden. Die jüngste Erweiterung am Heilwig-Gymnasium liegt östlich der bestehenden Sporthalle. Es entsteht eine einladende Eingangssituation, die sich neben dem Bestand zurücknimmt. Der kompakte Baukörper stapelt die Nutzungen Sport und Unterricht und trägt damit den knapp bemessenen Schulhofflächen Rechnung. Die Sporthalle wird beinahe zur Hälfte in das Gelände eingegraben und erhält Oberlichter. Der Bezug der Materialien zum Bestand schafft eine selbstverständliche Verbindung zwischen Alt und Neu, eine gebaute Verbindung von Geschichte und Gegenwart.

The partner school of the renowned Johanneum was built to a standardised pattern designed by Paul Seitz, and has been extended several times since. The latest addition to Heilwig Grammar School stands to the east of the existing sports hall and creates an inviting entrance situation between the two. The compact volume places sports hall and classrooms above one another and occupies about half of the relatively small playground area. The new sports hall is partly buried in the ground. Its materials relate to those of the original building, creating a natural link between old and new so that it serves as a built connection between the past and the present.

Hamburg, Deutschland
Projektart: Wettbewerb 2016, 1. Preis
Bauherr: SBH I Schulbau Hamburg
BGF: 1.390 m²
Bauzeit: 2018–2020

Hamburg, Germany
Project type: Competition 2016, 1st prize
Client: SBH I Schulbau Hamburg
GFA: 1,390 m²
Construction period: 2018–2020

LAGEPLAN / SITE PLAN

DIE WIEDER HERAUSGEARBEITETE FARBGESTALTUNG MIT WELLENMOTIV / RECREATED COLOUR SCHEME WITH WAVE MOTIF

EINGANG ECKE SEMPERSTRASSE UND FORSMANNSTRASSE /
ENTRANCE AT THE CORNER OF SEMPERSTRASSE AND FORSMANNSTRASSE

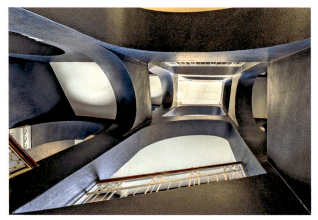

BLICK IN EIN TREPPENHAUS / STAIRWELL FROM BELOW

Schule Forsmannstraße
Forsmannstrasse School

Die 1910 in Betrieb genommene Reformschule von Albert Erbe an der Forsmannstraße wurde denkmalgerecht saniert. Als Musterschule für weitere Schulen entworfen und reich ausgestattet, waren große Teile der Einbauten im Laufe der Jahre verloren gegangen. Im Zuge der Recherche fanden sich historische Fotos und die Ausstattungsbeschreibung aus der Bauzeit. Durch die Sanierung konnte die Kraft der ehemaligen Farbgestaltung der öffentlichen Bereiche und das äußere Erscheinungsbild wieder herausgearbeitet werden. Fassade, Sandsteinportale und Dekorelemente wurden umfassend saniert und die Fenster der Hoffassade nach Originalteilung als Holzfenster erneuert.

Albert Erbe's reform architecture school on Forsmannstrasse, which first opened in 1910, was refurbished in accordance with conservation requirements. Originally conceived as a model for further schools, it was well equipped – although many of its fittings have been lost over the years. During research, historical photographs and descriptions of the furnishings were discovered, making it possible to restore the former colour scheme of the public areas and reinstate its original external appearance. The façade, sandstone portals and decorative ornamentation were extensively renovated, and the windows onto the school yard were renewed as wood windows with the original pattern of mullions.

Hamburg, Deutschland
Projektart: VOF-Verfahren
Bauherr: SBH I Schulbau Hamburg
BGF: 5.496 m²
Bauzeit: 2017–2020

Hamburg, Germany
Project type: Public tendering process
Client: SBH I Schulbau Hamburg
GFA: 5,496 m²
Construction period: 2017–2020

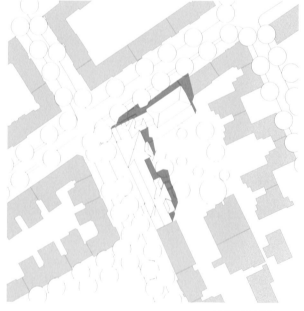

LAGEPLAN / SITE PLAN

„Mit der Architektur
von heute Möglichkeits-
räume von morgen
schaffen"

Zukunftsperspektiven
in Architektur
und Städtebau

1993 Bildungszentrum
Techniker Kranken-
kasse, Hayn bei Erfurt,
Deutschland
1993 Techniker
Krankenkasse Training
Centre, Hayn near
Erfurt, Germany

"Creating future
potential with today's
architecture"

Future perspectives
in architecture and urban
development

2007 Landesschulen Parkstraße, Wuppertal, Deutschland
2007 Parkstrasse State School,
Wuppertal, Germany

2014 Hotel und Wohnen Stralauer Platz,
Berlin, Deutschland
2014 Stralauer Platz Hotel and Housing,
Berlin, Germany

2020 Quartier Johannas Gärten, Erfurt,
Deutschland
2020 Johannas Gärten Quarter,
Erfurt, Germany

2021 Neubau Regionalschule,
Bützow, Deutschland
2021 New District School,
Bützow, Germany

Tietz Welche Zukunftsaufgaben in Architektur und Städtebau erscheinen Ihnen heute besonders drängend?

Winking Zu den wichtigsten Aufgaben gehört ganz sicher der Wohnungsbau. Gerade auch für unser Büro. Für uns ist das nicht unbedingt etwas Neues, da wir schon immer viel und gerne Wohnungsbau gemacht haben. Das war übrigens auch in einer Zeit der Fall, als das Thema keineswegs ganz oben auf der Agenda von Politik und Architektenschaft stand. Aber auch für uns gibt es dabei neue Themen, wie die erste Baugruppe, mit der wir zusammenarbeiten. Ich denke, es wird in Zukunft immer öfter vorkommen, dass sich Menschen zusammentun, um gemeinsam ein Haus zu bauen, das über gemeinschaftliche Räume verfügt. Auf der anderen Seite stehen die großen Wohnungsbaukomplexe. Früher hätte man gesagt: der Massenwohnungsbau. In diesem Fall müssen wir differenziert vorgehen, sehr genau auf das Umfeld schauen. In Berlin beispielsweise gibt es einige Orte, an denen wir im Zusammenhang mit Plattenbauten der DDR ein neues Haus hinzugesetzt haben. Gerade dort gilt es, sich ganz genau mit der Umgebung zu befassen, um zu erkunden, was möglich ist und was nicht.

In Hamburg stellt sich die Situation etwas anders dar. Dort geht es um die Erweiterung der Stadt an verschiedenen Stellen. Zusammen mit anderen Architekten arbeiten wir daran, dass ein neues Stück Stadt entsteht. Dabei folgen wir Leitbildern wie dem Ring der neuen Stadterweiterungen, die Fritz Schumacher geplant hat. Dieses Konzept ist fast 100 Jahre alt, aber noch immer sehr gut. Schumachers Ideen weiterzuentwickeln und Häuser zu schaffen, in denen die Menschen gerne leben, bleibt auch künftig eine großartige Herausforderung.

Tietz Was sich natürlich auch in der Entwicklung der Grundrisse und Außenräume ausdrückt.

Winking Unbedingt. Es geht auch immer wieder um die Details eines Hauses, sein Material, sein Umfeld. Es dürfen keine Einheitskisten entstehen. Qualität durchzuhalten ist nicht einfach, aber ich denke, wir sind darin recht erfolgreich.

Tietz Was wird Architektur und Städtebau über den Wohnungsbau hinaus in den kommenden Jahren bewegen?

Winking Das sind auf jeden Fall die großen städtebaulichen Themen, denen wir uns widmen, beispielsweise in Heidelberg. In Hamburg stellt für uns am Alsterfleet der Umbau der Ostspitze eine besonders schöne Herausforderung dar. Dort ist es uns gelungen, den Wettbewerb für uns zu entscheiden. Wir bauen ein vorhandenes Hotel um, das zum Alten Wall und zum Alsterfleet orientiert ist, und ergänzen das Quartier um Wohnungen, Geschäfte und Büros. Ein Quartier mitten in der Innenstadt. Auch in diesem Fall geht es also um das Weiterbauen der Stadt, um den Bestand und um den Neubau. Beides werden in der Zukunft Kernaufgaben für

Tietz — Which architectural and urban design tasks do you think we must address most urgently for the future?

Winking — One of the most important tasks is, without doubt, the provision of housing – and for our office in particular. For us it is not necessarily particularly new as we have always been fortunate to have undertaken housing projects quite regularly, even before the topic came onto the agenda of politics and the architectural community. But there are always new aspects, like the first client collective we are now working with. I think we will see such approaches more frequently in future: people will pool their resources to build housing for themselves that includes communal spaces. At the same time there are the large housing estates. In the past, one would have called it mass housing, but today we need to take a more differentiated view and look more closely at each situation. In Berlin, there are now several instances where we have inserted new buildings into a slab-housing estate from GDR times. Here one must look particularly carefully at the surroundings to determine what is possible and what is not.

In Hamburg, the situation is somewhat different. The city is expanding in various directions, and together with other architects we are working on creating a new part of the city. This follows certain guiding principles – such as Fritz Schumacher's concept of a ring of new urban satellites, which is now nearly 100 years old but still relevant. Taking his ideas further and creating houses that people want to live in will remain one of the most interesting challenges for the future.

Tietz — ... and will also condition the ongoing development of floor plans and concepts for outdoor areas.

Winking — Absolutely. It's also always about the details of a house, its materials, its environment. They cannot be uniform boxes. It is not easy to uphold this level of quality, but overall I think we are quite successful at it.

Tietz — Aside from housing, what will drive architecture and urban development in the coming years?

Winking — I think most definitely large urban development initiatives of the kind we are tackling, for example, in Heidelberg. The redevelopment of the eastern tip of the Alsterfleet in Hamburg is also currently a particularly interesting challenge for us. We managed to win the competition and are now converting an existing hotel, which looks onto the Alsterfleet, and supplementing the quarter with housing, shops and offices. It is a new quarter in the middle of the city. Here too the theme is the continuation of the city, incorporating the existing buildings and enriching them with new structures. Both will remain core design tasks for us in the future. At Alter Wall, we are developing different house types that, however, employ a common vocabulary. The challenge is to create variety and diversity while using a common canon of forms. Ultimately, all the

uns bleiben. Am Alten Wall geht es darum, unterschiedliche Haustypen zu entwickeln, die einem einheitlichen Duktus unterliegen. Die Herausforderung liegt also darin, trotz eines gemeinsamen Formenkanons ein differenziertes Erscheinungsbild zu verwirklichen. Letztlich werden am Alten Wall alle jene Bauaufgaben miteinander vereint, die uns in den vergangenen Jahren bei einzelnen Bauvorhaben beschäftigt haben.

Tietz Sie haben während Ihrer Architektenlaufbahn immer wieder mit dem Material Ziegel gearbeitet, der seine etwas höheren Kosten durch Langlebigkeit ausgleicht. Darüber hinaus eröffnet er das Potenzial der Wiederverwendung. Der Ziegel ist also ein sowohl ökonomisch als auch ökologisch sinnvolles, weil nachhaltiges Baumaterial.

Winking Genauso ist es. Bauherren, die ein Gebäude selbst behalten wollen und nicht darauf abzielen, es möglichst schnell zu veräußern, werden sich in der Regel für einen Vollziegel entscheiden. Eben weil der Ziegel ein sehr schönes und auch besonders dauerhaftes und pflegeleichtes Material ist. Das ist wichtig für die Stadt, aber auch für die Umwelt, als Teil einer nachhaltigen Baukultur. Hinzu kommt, dass der Ziegel eine großartige Tradition in Hamburg besitzt und darüber hinaus sogar wiederverwendet werden kann. Ganz zu Beginn meiner Laufbahn als Architekt habe ich an der Domsingschule in Aachen mitgebaut. Die Ziegel, die wir dort verwendet haben, stammten allesamt aus den Kriegstrümmern. Beim Ziegel fließen also ganz unterschiedliche Aspekte zusammen: Dauerhaftigkeit, Schönheit und Nachhaltigkeit.

Tietz Welchen Aufgaben möchten Sie sich bei Winking Froh Architekten in den kommenden Jahren vordringlich widmen?

Winking Es ist unser Anliegen, uns besonders all jenen Themen zu widmen, die Stadt bedeuten. Das kann auf vielfältige Weise geschehen. Wir können uns unsere Aufgaben ja nicht aussuchen. Wir sind auf die Bauherren angewiesen, die auf uns zukommen, oder auf die Architektenwettbewerbe, an denen wir uns beteiligen. Dort schauen wir sehr genau hin, was gut zu uns und unserer Haltung passt. Es ist gewiss kein Zufall, dass wir in den letzten Jahren mehrfach Aufträge für den Bau von Rathäusern bekommen haben. Wichtige Fragen für uns sind in diesem Zusammenhang: Wo liegen diese Häuser in der Stadt und wie fügen sie sich ein? Wofür stehen sie? Welche Aufgaben müssen sie erfüllen, was repräsentieren sie? Das alles sind Fragen, die uns sehr intensiv beschäftigen und viel mit dem Thema Stadt zu tun haben. Im Fall von Elmshorn beispielsweise wird unser neues Rathaus den Nukleus einer Stadterweiterung bilden.

Tietz Wie wird sich Stadt in Zukunft gestalten?

Froh Es werden künftig viel seltener alte Häuser weggenommen, um neue zu bauen. Die Auseinandersetzung mit dem Bestand, das Weiter- und

building tasks we have dealt with in individual projects over the past few years come together in the Alter Wall project.

Tietz Throughout your career as an architect, you have repeatedly chosen to work with brick – which costs more than alternatives, but is more durable. It is also a building material that lends itself to reuse. Brick is therefore an economically and ecologically sound material because ultimately it is sustainable.

Winking Precisely. Clients who intend to use a building themselves and are not looking to make a quick return on their investment will usually opt for solid brick, because it is not only beautiful but also a particularly durable and low-maintenance material. That is important for the city but also for the environment, and it contributes to a sustainable building culture. Aside from that, brick has a strong tradition in Hamburg and can also be reused. At the very beginning of my career as an architect, I helped to build the Cathedral Choir School in Aachen. The bricks we used then were all salvaged from the rubble of the war. So as far as bricks are concerned, many different aspects come together: durability, beauty and sustainability.

Tietz What tasks would you like to focus on particularly at Winking Froh Architekten in the coming years?

Winking We are particularly interested in building tasks that contribute to the ongoing formation of the city. These can come about in many different ways. For the most part, we are not at liberty to choose what we would like to work on. We depend on clients approaching us with a commission or an architectural competition that we decide to take part in. We look very closely before we participate: Does it fit our profile? Does it align with our values and approach? It is certainly no coincidence that we have been awarded several contracts for the design of town halls in recent years. Some important questions for us in this respect are: Where are these buildings situated in the city and how do they fit in? What do they stand for? What tasks do they have to fulfil? What do they represent? These are all questions that occupy us on a daily basis and have a lot to do with the theme of the city. In the case of Elmshorn, for example, our new town hall will form the nucleus of a new neighbourhoood in the city.

Tietz How will the city take shape in the future?

Froh In the future, buildings will not be torn down so readily to make way for new ones. More attention will be given to working with existing buildings, to their conversion and continued use as a means of preserving the grey energy they embody. For us as architects, this means we shall have to look even more closely at what can be retained and what cannot – as is the case, for example, with our Alter Wall project. But we also have to rethink the topic of the city in general. This concerns everything

Umbauen rückt in den Vordergrund, um die graue Energie zu erhalten, die in den vorhandenen Gebäuden gespeichert ist. Das bedeutet für uns Architekten, dass wir noch genauer hinschauen müssen, was erhalten werden kann und was nicht, wie zum Beispiel beim Projekt am Alten Wall. Aber auch generell müssen wir über das Thema Stadt neu nachdenken. Das reicht von der Mobilität bis zum Handel. Wie sehen künftig die Erdgeschosszonen in den Innenstädten aus? Welche öffentlichen Angebote können dort geschafft werden? Das sind Fragen, mit denen wir uns derzeit intensiv bei unserer Rathauserweiterung in Kaltenkirchen beschäftigen.

Winking Städte sind vielfältig, und genauso vielfältig sind die Aufgaben, die damit verbunden sind. Das reicht vom Wohnen an der Peripherie über innerstädtisches Wohnen bis zu ganzen Quartieren, die diese lebendige Vielfalt von Stadt durch eine vielfältige, gemischte Nutzung in einem einzelnen Baustein abbilden. Unser Ziel ist es, mit der Architektur von heute Möglichkeitsräume von morgen zu schaffen.

Tietz Brauchen Architektur und Stadt mehr Pragmatismus oder mehr Vision?

Winking Ich glaube, dass sie unbedingt beides benötigen. Man muss eine Idee haben, sonst kann man nicht entwerfen. Man muss wissen, wohin man will, auch wenn sich diese Idee auf dem weiteren Weg entwickelt. Gerade in Berlin, wo wir oft in bestehende Räume hineinbauen, bedeutet das, sich mit den Bauten der Kollegen aus früheren Zeiten auseinanderzusetzen, ohne sie abzuqualifizieren. Auf Augenhöhe und mit Wertschätzung. Und trotzdem gilt es, das Eigene und Neue zu verfolgen, um der Stadt, etwas hinzuzugeben, was sie besser macht für die Menschen.

Dieser Pragmatismus bestimmt auch eine ökologische Materialverwendung, indem wir langlebige, qualitätvolle Materialien auswählen. Beispielsweise haben wir das Bildungszentrum der Techniker Krankenkasse in Hayn bei Erfurt bereits 1996 mit einer Holzfassade aus sibirischer Lärche verwirklicht. Wir haben ja selbst etliche Häuser gebaut, die bis zu Platin von der Deutschen Gesellschaft für Nachhaltiges Bauen zertifiziert sind. Derzeit bauen wir einen Kindergarten und eine Polizeiakademie, ebenfalls aus Holz. Gute, nachhaltige Architektur, wie wir sie verstehen, ist immer durch eine Mischung unterschiedlicher Aspekte gekennzeichnet und nicht allein durch die Konzentration auf ein einziges Merkmal.

Tietz Wie stellt sich das Verhältnis von Ratio und Gefühl in Ihrer Arbeit dar?

Winking Ich denke, dass wir schon eher rationale Architekten sind. Trotzdem würde ich für uns in Anspruch nehmen, dass unsere Häuser stets ein Stück Poesie besitzen, dass sie eine skulpturale Qualität besitzen, lebendig sind. Auch hier gilt, was mir Jacob Bakema mit auf den Weg gegeben hat, wir erfüllen erst die Funktion und dann spielen wir mit ihr.

from mobility to commerce. What will the ground-floor zones of our city centres look like in the future? What public amenities could they accommodate? These are questions we are currently examining in detail in our town hall extension project in Kaltenkirchen.

Winking Cities are diverse, and the design tasks associated with them are just as varied. They range from housing on the periphery to inner-city housing, to entire quarters that create the conditions for vibrant diversity through a variety of mixed uses in a single building block. Our goal is to create spaces of potential for the city of tomorrow with the architecture of today.

Tietz Do architecture and the city need more pragmatism or more vision?

Winking I think they need both. You need to have an idea in order to design – and you need to know where you want to go, even if the initial idea changes and develops further down the road. In Berlin in particular, where we often build in existing contexts, that entails dealing with the buildings of colleagues from earlier times without disparaging them. One must appreciate them on their own terms. And yet, we must still pursue new ideas of our own in order to add something to the city, to the neighbourhood, that can improve things for the residents as a whole.

 This pragmatism also results almost automatically in an ecological choice of materials in that we select durable, high-quality materials. In this respect, our architecture has long been "green" without our making a point of it. Back in 1996, for example, we realised a training centre in Hayn near Erfurt for the Techniker Krankenkasse, a health insurance company. It had a timber façade made of Siberian larch. That this approach has since become more mainstream is, we think, an important development. We have built several buildings that been certified up to a platinum rating by the DGNB German Sustainable Building Council. We are currently building a kindergarten and a police academy, also made of wood. We are not dogmatic about it, but rather employ such materials and constructions where we think they are appropriate. Good, sustainable architecture, as we understand it, is always characterised by a combination of different aspects and not just by optimising one single feature.

Tietz What is the relationship between reason and emotion in your work?

Winking I think that, overall, we are rather rational architects. But I would still like to think that our architecture always strives to achieve a measure of poetic charm, to attain a certain sculptural quality and to take on a life of its own. And here we can come back to what Jacob Bakema instilled in me as a young architect: first we fulfil the function and then we play with it.

PLATZSITUATION ZUM DORF / COBBLED "VILLAGE GREEN"

STIRNSEITE ZUR LANDSCHAFT /
FRONT ELEVATION LOOKING OUT ONTO THE LANDSCAPE

IN DIE LANDSCHAFT AUSKRAGENDE WOHNFLÜGEL /
RESIDENTIAL WINGS PROJECTING INTO THE LANDSCAPE

Bildungszentrum / Training Centre

Techniker Krankenkasse

Die Gebäude sind strahlenförmig an einem angerähnlichen, zentralen Dorfplatz angeordnet. Die Hauptgebäude gruppieren sich um diesen Raum. Scheinbar in der zweiten Reihe liegen die Nebengebäude, folgen aber ebenfalls einem strahlenförmigen System. Das Schulungszentrum greift das Prinzip des halböffentlichen Platzes auf und wendet sich dem Dorf zu. Das quadratisch steinerne Haupthaus mit Seminar und Gruppenräumen umschließt einen ruhigen Innenhof mit schräg eingestellter Bibliothek, die zweigeschossigen Wohnhäuser greifen fächerförmig in die Landschaft aus.

The buildings are arranged radially around a paved village green. The main facilities are grouped directly around this space, with a secondary series of buildings set further back but also arranged radially. The academy building picks up the concept of the semi-public space and faces onto the village. Set apart as a rectilinear, masonry building, it contains seminar rooms and group workspaces and encloses a tranquil inner courtyard with a library inserted at an angle. The two-storey residential buildings fan out into the surrounding landscape.

Hayn bei Erfurt, Deutschland
Projektart: Wettbewerb 1993, 1. Preis
Bauherr: Techniker Krankenkasse, Hamburg
BGF: 8.340 m²
Bauzeit: 1994–1996

Hayn near Erfurt, Germany
Project type: Competition 1993, 1st prize
Client: Techniker Krankenkasse, Hamburg
GFA: 8,340 m²
Construction period: 1994–1996

SKIZZE / SKETCH

BLICK AUF DEN ZENTRALEN PLATZ / VIEW OF THE CENTRAL SQUARE

LINEARE GRUPPIERUNG DER SCHULEN UND WOHNFLÜGEL AM WALDRAND /
LINEAR SCHOOL BUILDINGS AND HALLS OF RESIDENCE NEXT TO WOODLAND

Landesschulen Parkstraße
Parkstrasse State School

Der ehemalige Standortübungsplatz Scharpenacken auf den Wuppertaler Seidhöhen sollte eine neue Nutzung erhalten. Seit ca. sechs Jahren nicht mehr in Gebrauch, hat sich die Natur diese Fläche ein wenig zurückerobert und die eigentümliche Schönheit des bewegten Bergischen Landes wieder sichtbar gemacht. Die Neubauten für die Landesschule sind als offene Struktur angelegt, welche die Landschaft mit den Gebäuden überlagert. Die Landesfinanzschule, die Justizvollzugsschule und die Wohnflügel werden linear und trotzdem kompakt mit kurzen Wegen am nördlichen Waldrand gruppiert. Der vorhandene Weg Erbschlö im Süden gliedert die Gruppen und bildet einen kleinen Platz, an dem auch eine Mensa für die 440 Schüler und die Sporthalle liegen.

After six years of lying disused, the former Scharpenacken training grounds on the elevated site of Wuppertal's Seidhöhen had been gradually reclaimed by nature, allowing the wild beauty of the rolling Bergisches Land to come to the fore. The new buildings for the state school are conceived as open structures overlaid onto this landscape. The state schools for finance and for the prison service, as well as their halls of residence, are arranged in compact groups of linear buildings, interlinked with paths along the northern edge of the woodland. An existing path to the south of the site defines the distribution of the separate groups and forms a small square with a refectory and a sports hall for the 440 students.

Wuppertal, Deutschland
Projektart: Wettbewerb 2007, 1. Preis
Bauherr: Bau- und Liegenschaftsbetrieb NRW
BGF: 27.600 m², Wettbewerbsgebiet: 30 ha
Bauzeit: 2012–2014

Wuppertal, Germany
Project type: Competition 2007, 1st prize
Client: Bau- und Liegenschaftsbetrieb NRW
GFA: 27,600 m², competition area: 30 ha
Construction period: 2012–2014

LAGEPLAN / SITE PLAN

INNENHOF MIT BLICK ZUR SPREE / INNER COURTYARD WITH VIEW OF THE RIVER SPREE

Hotel und Wohnen / Hotel and Housing

Stralauer Platz

In die Konzeption des Neubaus am Stralauer Platz 35 waren die Artefakte der Berliner Mauer und einer Hinterlandmauer einzubeziehen. Die Mauerreste mit ihren Graffiti stehen als East Side Gallery unter Denkmalschutz und enden direkt auf dem Grundstück. Sie bildeten die Vorgabe für die städtebauliche Form der Baukörper, einen L-förmigen, sich zum Park und zur Spree hin öffnenden achtgeschossigen Gebäudewinkel und einen zwölfgeschossigen Kubus. Am Stralauer Platz ist eine Hotelnutzung mit 300 Zimmern entstanden, im westlichen Gebäudeteil und im Kubus 310 Wohnungen. Die Wohnungen im Zwölfgeschosser gruppieren sich mit ihren Erschließungsfluren um einen Innenhof, der sich mit einer Terrasse zum Wasser öffnet.

The concept for the new building at Stralauer Platz 35 had to incorporate the artefacts of the Berlin Wall and its accompanying hinterland wall. Now part of the East Side Gallery and listed as a historic monument, the sections of graffiti-sprayed walls end right at the edge of the site. The urban form of the building responds to the Wall, forming an L-shaped, eight-storey building that opens onto a park and the River Spree, along with a twelve-storey cube. The 300-room hotel adjoins Stralauer Platz, while the western end of the building and the cube contain 310 apartments – which, in the twelve-storey cube, are grouped around an inner courtyard that opens onto a riverside terrace at ground level.

Berlin, Deutschland
Projektart: Wettbewerb 2014, 1. Preis
Bauherr: JUWI 3 Immobilien GmbH
BGF: 38.000 m²
Bauzeit: 2016–2018

Berlin, Germany
Project type: Competition 2014, 1st prize
Client: JUWI 3 Immobilien GmbH
GFA: 38,000 m²
Construction period: 2016–2018

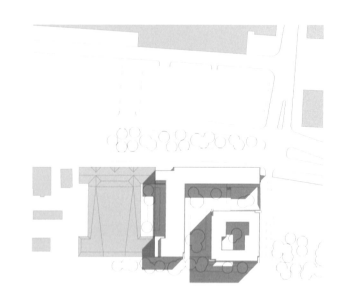

LAGEPLAN / SITE PLAN

BLICK VOM KREUZBERGER UFER AUS SÜDOST /
VIEW FROM SOUTHEAST FROM THE KREUZBERG RIVERBANK

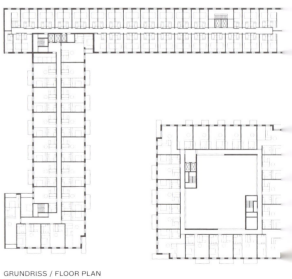

GRUNDRISS / FLOOR PLAN

MAUERRESTE MIT GRAFFITI, HOTEL UND WOHNEN /
REMAINS OF THE WALL WITH GRAFFITI, HOTEL BUILDING AND HOUSING

BLICK VOM EAST-SIDE-PARK AUF DIE HINTERLANDMAUER /
VIEW FROM EAST SIDE PARK LOOKING TOWARDS THE HINTERLAND WALL →

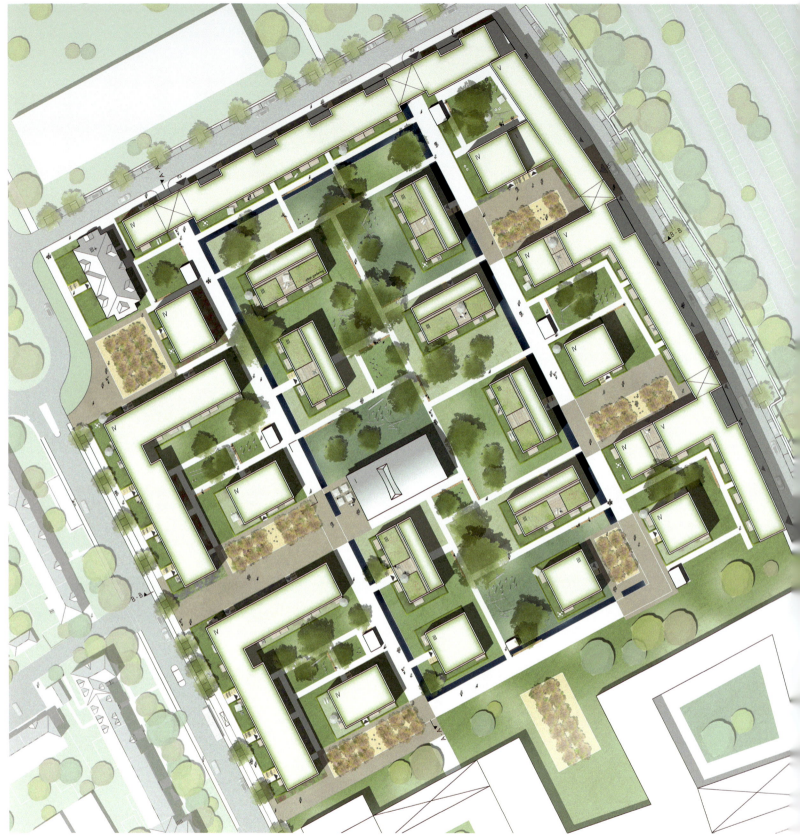

LAGEPLAN, STÄDTEBAULICHES KONZEPT / SITE PLAN, URBAN DESIGN CONCEPT

Quartier Johannas Gärten
Johannas Gärten Quarter

Das ehemalige Schlachthofareal in Erfurt ist ein Baustein der Entwicklung der Äußeren Oststadt zu einem innerstädtischen Wohnstandort. Durch die Lage an einer Haupterschließungsstraße und einer Bahntrasse sowie durch gewerbliche Nutzungen in der Nachbarschaft ergeben sich besondere Anforderungen an den Schallschutz. Die Blockränder werden nach Norden und Osten mit vier- bis fünfgeschossigen Wohnriegeln geschlossen, um die Gebäude in der ruhigen Mitte gegen Bereiche mit der höchsten Schallbelastung zu schützen. Nach Westen gestalten viergeschossige Winkelbauten den Blockrand offener. Sandfarbene Fassaden aus Verblendmauerwerk und eingefärbtem Sichtbeton sind die quartiersbildenden Materialien.

The site of the former abattoir is part of a larger development initiative to incorporate the eastern perimeter of the city into its centre. A major traffic artery and tramway, as well as other commercial uses in the vicinity, meant that noise pollution was a central concern. Four- and five-storey residential buildings along the edges of the urban blocks to the north and east shield the buildings in the block interiors from noise. On the west side, by contrast, the block edges are more permeable, with four-storey L-shaped buildings. Sand-coloured facing brickwork and coloured exposed concrete are the dominant materials.

Erfurt, Deutschland
Projektart: Wettbewerb 2020, 1. Preis
Bauherr: Saller Gewerbebau Weimar
BGF: 48.500 m²
Bauzeit: In Planung

Erfurt, Germany
Project type: Competition 2020, 1st prize
Client: Saller Gewerbebau Weimar
GFA: 48,500 m²
Construction period: In planning

SCHWARZPLAN / FIGURE-GROUND PLAN

BLICK ZUM EINGANG / VIEW OF THE ENTRANCE
MENSA MIT AUSBLICK AUF DEN INNENHOF / REFECTORY WITH INTERNAL COURTYARD BEYOND

Regionalschule Bützow
New District School, Bützow

Auf dem weitläufigen Grundstück eines ehemaligen Sägewerkes entsteht der Schulneubau mit Klassenräumen, Werkstätten, Aula und Mensa für 350 Schüler und einer Nutzfläche von 5.700 m². Der Holzrahmenbau mit einer Fassade aus wärmebehandelter Lärche positioniert sich als Solitär auf dem Grundstück. Leitidee des Entwurfs ist die Durchwegung der Schule im Innen- und Außenraum, die sich so miteinander verzahnen. Der mäandrierende Baukörper stellt ein einheitliches Gefüge von zweigeschossigen Häusern dar, welche sich über Struktur und Material zu einem Ganzen zusammen binden. Das Foyer als zentraler Raum bildet das Herzstück der Durchwegung, an dem die Hauptfunktionen Aula und Mensa angesiedelt sind.

The new school building with classrooms, workshops, assembly hall and refectory for 350 pupils and a usable floor area of 5,700 m² will be built on the extensive grounds of a former sawmill. Designed as a timber-frame structure clad with heat-treated larch, the school is placed as a free-standing ensemble on the site. The design concept interweaves the school's indoor and outdoor spaces and comprises as series of two-storey volumes linked together by their structure and material treatment to form a single meandering whole. The heart of the complex and central circulation space is the foyer which connects directly to the assembly hall and refectory.

Neubau Regionalschule, Bützow, Deutschland
Projektart: Wettbewerb 2021, 1. Preis
Bauherr: Stadt Bützow
BGF: 8.900 m² (NF: 5.700 m²)
Bauzeit: 2022–2024

New District School, Bützow, Germany
Project type: Competition 2021, 1st prize
Client: Town of Bützow
GFA: 8,900 m² (NFA: 5,700 m²)
Construction period: 2022-2024

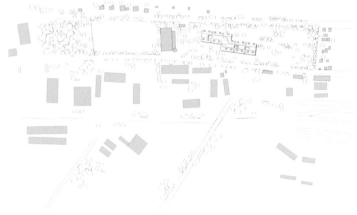

LAGEPLAN / SITE PLAN

Zeitstrahl
Timeline

1. PREIS/ 1ST PRIZE

Cottbus, Deutschland
Finanzrechenzentrum Land Brandenburg
Cottbus, Germany
Data Centre for Brandenburg State Tax Department

1997

1. PREIS/ 1ST PRIZE

Köln, Deutschland
Hochhäuser am Rheinauhafen
Cologne, Germany
High-Rises "am Rheinauhafen"

1999

1998

1999

1. PREIS/ 1ST PRIZE

Weimar, Deutschland
Neues Wohnen am Horn
Weimar, Germany
New Housing "am Horn"

1. PREIS/ 1ST PRIZE

Potsdam, Deutschland
Wohnbebauung Tor zum Park
Potsdam, Germany
Housing Estate, "Tor zum Park"

1997–2001

Flensburg, Deutschland
Campushalle, Sport- und Messehalle
Flensburg, Germany
Campushalle, Sports and Trade-Fair Hall

2000

Qingdao, China
Zigarettenfabrik
Qingdao, China
Cigarette Factory

2001

2000

Gießen, Deutschland
Finanzamt
Giessen, Germany
Tax Office

1. PREIS/ 1ST PRIZE

Dalian, China
Golfhotel
Dalian, China
Golf Hotel

Hamburg, Deutschland
Sanierung Hochhaus Kaiserhof
Hamburg, Germany
Kaiserhof High-Rise Renovation

2002

2003

2003

2003

1. PREIS/ 1ST PRIZE

Hamburg, Deutschland
Dalmannkai, Reederei Oskar Wehr
Hamburg, Germany
Dalmannkai, Oskar Wehr Shipping Company Headquarters

Itzehoe, Deutschland
Brücke über die Stör
Itzehoe, Germany
Bridge over the River Stör

2002–2005

1. PREIS/ 1ST PRIZE

Jinshan, China
Kindergarten
Jinshan, China
Children's Nursery

2004

Berlin, Deutschland
Deutsche Rentenversicherung am Hohenzollerndamm
Berlin, Germany
German Pension Insurance Offices "am Hohenzollerndamm"

2004

2004

2005

Selent, Deutschland
Technologiezentrum
Selent, Germany
Technology Centre

Hamburg, Deutschland
Troggestaltung Hammer Straße
Hamburg, Germany
Planting Containers, Hammer Strasse

185

1. PREIS/ 1ST PRIZE

Potsdam, Deutschland
Brandenburgisches Landeshauptarchiv
Potsdam, Germany
Brandenburg State Archives

Gießen, Deutschland
Polizeipräsidium Mittelhessen
Giessen, Germany
Central Hessen Police Department

2006

2006

2006

2007

Hamburg, Deutschland
Wohnbebauung Averhoffstraße
Hamburg, Germany
Averhoffstrasse Housing

Hamburg, Deutschland
Behördenzentrum und Polizeiwache Wandsbek
Hamburg, Germany
Local Administration and Police Station, Wandsbek

2006–2011

Hamburg, Deutschland
Büro- und Geschäftshaus Neuer Jungfernstieg
Hamburg, Germany
Offices and Shops, Neuer Jungfernstieg

2008

Hamburg, Deutschland
Wohnbebauung Bäckerbreitergang
Hamburg, Germany
Housing, Bäckerbreitergang

2009

2009

2011

1. PREIS/ 1ST PRIZE

Frankfurt am Main, Deutschland
Stadthaus am Markt
Frankfurt am Main, Germany
Stadthaus "am Markt"

München, Deutschland
Sanierung Bürogebäude
Blumenstraße 28
Munich, Germany
Office Renovation, Blumenstrasse 28

187

Bremen, Deutschland
Neubau Hauptverwaltung Hansewasser
Bremen, Germany
New Headquarters for Hansewasser

Hangzhou, China
Topsun III
Hangzhou, China
Topsun III Office Headquarters

2011

2014

2012

2014

Berlin, Deutschland
Sanierung Feuerwehrwache Treptow
Berlin, Germany
Treptow Fire Station Renovation

Bremen, Deutschland
Wohnbebauung Johnsen-Quartier
Bremen, Germany
Johnsen Quarter Housing

2001–2017

1. PREIS/ 1ST PRIZE

Berlin, Deutschland
Wohngärten an der Rolandstraße
Berlin, Germany
Housing Development in Rolandstrasse

2014

Hamburg, Deutschland
Wohnbebauung Mitte Altona
Hamburg, Germany
Housing, Mitte Altona

2015

2015

2017

Hamburg, Deutschland
Studentenwohnheim Münzviertel
Hamburg, Germany
Student Halls of Residence, Münzviertel

Berlin, Deutschland
Wohnhaus Armenische Straße
Berlin, Germany
Housing, Armenische Strasse

1. PREIS/ 1ST PRIZE

Bremen, Deutschland
Wohnen mit Kita in der Gartenstadt Werdersee
Bremen, Germany
Housing with Children's Nursery, Gartenstadt Werdersee

1. PREIS/ 1ST PRIZE

Kaltenkirchen, Deutschland
Erweiterung Rathaus
Kaltenkirchen, Germany
Town Hall Extension

2017

2019

2018

2019

3. PREIS/ 3RD PRIZE

Hamburg, Deutschland
Hotel Spaldingstraße
Hamburg, Germany
Hotel Spaldingstrasse

Dortmund, Deutschland
Hafenquartier Speicherstraße
Dortmund, Germany
Harbour Quarter, Speicherstrasse

2017–2020

Berlin, Deutschland
Wohnen, Kita und Quartiersgarage Buckower Felder
Berlin, Germany
Housing, Children's Nursery and Local Car Park, Buckower Felder

2019

Berlin, Deutschland
Polizeiakademie Radelandstraße
Berlin, Germany
Police Training Centre, Radelandstrasse

2020

2019

2020

Nützen, Deutschland
Amt Kaltenkirchen-Land
Nützen, Germany
Kaltenkirchen District Administration Offices

Hamburg, Deutschland
Carl-Götze-Schule
Hamburg, Germany
Carl Götze School

Hamburg, Deutschland
Alter Wall 40
Hamburg, Germany
Alter Wall 40

2020

Cuxhaven, Deutschland
Polizei
Cuxhaven, Germany
Police Station

2021

2021

2021

1. PREIS/ 1ST PRIZE

Münster, Deutschland
Masterplan IDF Feuerwehr
Münster, Germany
Fire Services Institute Masterplan

Hamburg, Deutschland
Campus Brekelbaums Park
Hamburg, Germany
Brekelbaums Park Campus

ÜBER DAS ENTWERFEN
EIN NACHWORT

Als ich in Hamburg an der Hochschule für bildende Künste Mitte der 1980er Jahre Architektur studierte, begegnete ich Bernhard Winking zum ersten Mal im Grundstudium bei seinem Gebäudelehre-Seminar „Bausteine der Planung".

Hier ging es darum, einzelne gestalterische Themen eines Gebäudes frei vom Gesamtentwurf zu betrachten – oftmals an aktuellen und konkreten Beispielen, die in seinem Büro diskutiert wurden. Eine Aufgabe war es, das Dach für die Belichtung eines eingeschossigen Kindergartens zu entwerfen. Als Lösung zeichnete ich ein flach geneigtes Walmdach mit dreiecksförmigen Gauben. Wohl deshalb, weil ich es gerade irgendwo in meiner Heimat Schleswig-Holstein gesehen hatte.

Bei der Vorstellung der Hausaufgabe merkte ich schnell, dass mein Vorschlag nicht gut ankam. Winking fragte mich, warum ich das so gemacht habe.

Etwas unvorbereitet auf seine Frage antwortete ich: „Weil ich es schön finde." Daraufhin er: „Wenn hier einer sagen darf, dass er etwas schön findet, dann bin ich es. Sie müssen in der Lage sein, Ihre Formen zu erklären, sie herzuleiten."

Ich empfand das damals für eine Schule der schönen Künste recht streng und einengend. Heute bin ich Bernhard Winking dankbar für diese Lektion.

Sie bildet das Fundament unseres gemeinsamen erfolgreichen Entwerfens.

Martin Froh
Berlin, im Juni 2021

ABOUT DESIGNING AN AFTERWORD

I first encountered Bernhard Winking while a student at the HFBK University of Fine Arts in Hamburg in the mid-1980s, where I took part in his undergraduate Building Theory seminar on "Components of Building Design".

In the seminar, we examined individual design problems independently of the overall building design – often drawing on specific, current examples from his architectural practice. For an assignment to design a roof to provide illumination for a single-storey kindergarten, I drew a shallow hipped roof with triangular dormers. I had probably seen something similar shortly beforehand somewhere in my home region of Schleswig-Holstein.

When I presented my work, I soon realised my proposal had not been well received. Winking asked me why I had chosen this solution.

Somewhat unprepared for his question, I said: "Because I think it's beautiful." To which he replied: "If anyone here is allowed to say they think something is beautiful, it's me. You must be able to explain the forms you use, to know how you derived them."

At the time, that seemed exceedingly strict and restrictive for a school of fine arts. But today I know that Bernhard Winking taught me a valuable lesson.

To this day, it underpins our joint, successful practice of designing.

Martin Froh
Berlin, June 2021

Über das Büro

Das Büro Winking · Froh Architekten bearbeitet mit einem Team von annähernd 60 Mitarbeitern in Hamburg und Berlin Projekte im gesamten Spektrum der Architektur und des Städtebaus. Neben Norddeutschland und Berlin sind wir in ganz Deutschland, in Europa und China tätig. Die Schwerpunkte unserer Arbeit sind neben Wohnungsbau, Schulen, Rathäusern und Verwaltungsbauten auch größere städtebauliche Projekte, Brücken und das Bauen im Bestand.

Zu den wichtigsten Bauten der letzten Jahre zählen die Spiegel-Insel in Hamburg, der Europaplatz in Heidelberg, die Ningbo Book City in China, das Palais am Pariser Platz in Berlin und die HypoVereinsbank am Platz der Republik in Prag. Daneben entstanden in Hamburg bedeutende Projekte mit der Erweiterung der Davidwache, dem Hauptzollamt an der Shanghaiallee, dem Büroturm an der Esplanade und dem Neubau der Rethebrücke. Eine große Bedeutung hat der Wohnungsneubau mit realisierten und geplanten Projekten in Berlin, Potsdam, Erfurt, Wolfsburg, Hannover, Paderborn, Bremen und Hamburg.

About the Office

The office Winking · Froh Architekten and its team of nearly 60 employees in Hamburg and Berlin works on projects across the entire spectrum of architecture and urban development. Alongside its work in northern Germany and Berlin, the office undertakes projects all over Germany as well as in Europe and China. Projects range from housing, schools, town halls and administrative buildings to larger urban-development projects, bridges and building in existing contexts.

Among the office's most notable projects in recent years are the Spiegel-Insel in Hamburg, Europaplatz in Heidelberg, Ningbo Book City in China, the Palais am Pariser Platz in Berlin and the HypoVereinsbank on Republic Square in Prague. Further significant projects have been built in Hamburg – including the extension to the Davidwache police station, the main customs office on Shanghaiallee, the office tower on the Esplanade and the new Rethebrücke bridge. Housing remains a central pillar of the office's work, with numerous projects designed and built in Berlin, Potsdam, Erfurt, Wolfsburg, Hanover, Paderborn, Bremen and Hamburg.

Über den Herausgeber

Dr. Jürgen Tietz hat eine Ausbildung zum Buchhändler absolviert, Kunstgeschichte studiert und arbeitet in Berlin als Publizist zu den Themen Architektur und Denkmalpflege. Er ist Autor zahlreicher Bücher. Zuletzt erschienen „Drei Monde der Moderne oder wie die Moderne klassisch wurde" (2019), „TXL. Berlin Tegel Airport" (2020) sowie „Römische Erinnerungen. Europäische Erkundungen zu Raum, Zeit und Architektur" (2020). Gemeinsam mit Bernhard Winking hat er die Bücher „Das Palais am Pariser Platz" (1999), „Von der Schönheit des Ziegels" (2003), „Von Hamburg nach Hangzhou" (2016) und „Dänische Referenz" (2019) verwirklicht.

About the Editor

Dr Jürgen Tietz trained as a bookseller, studied art history and works in Berlin as a writer focusing on architecture and historical conservation. He is the author of numerous books, among them the recently published *Drei Monde der Moderne oder wie die Moderne klassisch wurde* (2019), *TXL: Berlin Tegel Airport* (2020) and *Römische Erinnerungen: Europäische Erkundungen zu Raum, Zeit und Architektur* (2020). Together with Bernhard Winking, he has produced the books *Das Palais am Pariser Platz* (1999), *Von der Schönheit des Ziegels* (2003), *Von Hamburg nach Hangzhou* (2016) and *Dänische Referenz* (2019).

Geschäftsführung /
Directors

Prof. Bernhard Winking
Martin Froh
Michael Sägesser
Stefan Waselowsky
Frank Weitendorf
Susanne Winking

Mitarbeiter /
Staff

Sönke Albertsen
Felix Behnecke
Tabea Börner
Dalia Butvidaite-Weissmehl
Natascha Cabral
Christina Calitz
Jan Diefenbach
Meike Dollmeier
Susanne Ewald
Franz-Michael Ewerhart
Alessia Fabbian
Antonia Filomeno
Lars Fischer
Felix Görrissen
Lars Hansen
Edward Jabbour
Nico Jäckisch
Julia Kalmer
Daniel Kilian
Malte Kniemeyer-Bonnet
Patrycia Komada
Annette König
Georgious Kormpos
Jan Krugmann
Maxim Krupchenkov
Dr. Sabine Kühnast
Oliver Lax
David Manjavidze
Sabrina Micu
Dave Luis Motardjemi
Felix Müller

Robert Niewiadomsky
Nicola Perdomi
Ingo Pluns
Joshua Raasch
Annette Romahn
Deyari Said
Tijana Savic
Martin Schellhase
Ludwig Schill
Gabriele Schmälzle
Achim Schröter
Dr. Anne Schulten
Fabio Sebastianutti
Sanda Sehic
Annette Sepehr
Pavel Shergin
Camilla Spennati
Joachim Steinborn
Peter Szwirkszlys
Louise Tusch
Sarah Wöltjen
Yaliang Mirko Xiang
Etem Zeybek

Bildnachweis

Carl-Jürgen Bautsch, Hamburg: S. 158
Thomas Bruns, Berlin: S. 76–77; S. 78; S. 189, oben links
Ralf Buscher, Hamburg: S. 193
Christoph Gebler, Hamburg: S. 104; S. 106; S. 107; S. 116; S. 118; S. 119; S. 144; S. 148–149; S. 184, unten links; S. 185, unten links; S. 186, unten links; S. 187, oben rechts
Björn Göttlicher, Bamberg: S. 168, unten links
Klaus Kinold, München: S. 168, oben und unten rechts
Detlef Klose, Schwerin: S. 150
Malte Kniemeyer-Bonnet, Hamburg: S. 28; S. 122; S. 156; S. 185, unten rechts; S. 187, oben links
Heiner Leiska, Seestermühle: S. 124
Stefan Müller, Berlin: S. 44; S. 46–47; S. 48, oben links; S. 49; S. 80; S. 82–83; S. 84; S. 86–87; S. 88; S. 126; S. 128–129; S. 146; S. 147; S. 152; S. 172; S. 174–175; S 176–177
Ondřej Polák, Prag: S. 24, oben
Mathias Remmling, München: © Heye München, S. 187, unten rechts
Christoph Rokitta, Berlin: S. 154; S. 188, unten links
Oliver Schuh, Köln: S. 182, oben links
Christian Spielmann, Hamburg, S. 183, oben links
Richard Stephan, Gießen, S. 186, oben rechts
Klaus-Dieter Weiß: Minden, S. 142
Tobias Wille, Berlin: S. 26; S. 185, oben rechts; S. 186, unten rechts

Winking · Froh Architekten, Archiv: S. 24, unten rechts; S. 50, oben und unten links; S. 108; S. 110–111; S. 112; S. 114; S. 115; S. 120, unten links; S. 122, unten rechts; S. 142, oben; S. 169, unten rechts; S. 170, oben, S. 182, unten rechts; S. 183, unten rechts, S. 184, oben links; S. 184, unten rechts; S. 185, oben links; S. 188, oben rechts; S. 188, S. 188, oben links; unten rechts; S. 189, oben rechts

Winking · Froh Architekten: S. 24, unten links; S. 25, unten rechts; S. 26, unten links; S. 27, unten rechts; S. 29, unten rechts; S. 30; S. 31, unten rechts; S. 32–33; S. 34–35; S. 44, unten links; S. 45, unten rechts; S. 48, unten rechts; S. 50, unten rechts; S. 51, unten rechts; S. 52, oben, unten links; S. 53, unten rechts; S. 54–55; S. 56; S. 57, unten rechts; S. 58–59; S. 60; S. 61, unten rechts; S. 78, S. 79; S. 81, unten rechts; S. 83, unten rechts; S. 85, unten rechts; S. 88, unten rechts; S. 89, unten rechts; S. 90; S. 91, unten rechts; S. 92; S. 93, unten rechts; S. 105, unten rechts; S. 109, unten rechts; S. 113, unten rechts; S. 117, unten rechts; S. 121, unten rechts; S. 123, unten rechts; S. 125, unten rechts; S. 127, unten rechts; S. 143, unten rechts; S. 145, unten rechts; S. 151, unten rechts; S. 153, unten rechts; S. 155, unten rechts; S. 156; S. 157, unten rechts; S. 159, unten rechts; S. 170, unten links; S. 171, unten rechts; S. 172, unten links; S. 173, unten rechts; S. 178, S. 179, unten rechts; S. 180; S. 181, unten rechts; S. 182, oben rechts und unten links; S. 183, oben rechts; S. 184, oben links; S. 186, oben links; S. 187, unten links; S. 189, unten links und rechts; S. 190–191 oben und unten; S. 192, oben und unten; S. 192 oben links, © Bloomimages

Michael Zapf, Hamburg: © Ingenieurbüro Grassl GmbH, S. 120, oben und unten rechts

Ilustration Credits

Carl-Jürgen Bautsch: Hamburg; p. 158
Thomas Bruns, Berlin: p. 76–77; p. 78; p. 189, top left
Ralf Buscher, Hamburg: p. 193
Christoph Gebler, Hamburg: p. 104; p. 106; p. 107; p. 116; p. 118; p. 119; p. 144; p. 148–149; p. 184, bottom left; p. 185, bottom left; p. 186, bottom left; p. 187, top right
Björn Göttlicher, Bamberg: p. 168, bottom left
Klaus Kinold, Munich: p. 168, top and bottom right
Detlef Klose, Schwerin: p. 150
Malte Kniemeyer-Bonnet, Hamburg: p. 28; p. 122; p. 156; p. 185, bottom right; p. 187, top left
Heiner Leiska, Seestermühle: p. 124
Stefan Müller, Berlin: p. 44; p. 46–47; p. 48, top left; p. 49; p. 80; p. 82–83; p. 84; p. 86–87; p. 88; p. 126; p. 128–129; p. 146; p. 147; p. 152; p. 172; p. 174–175; p. 176–177
Ondřej Polák, Prague: p. 24, top
Mathias Remmling, Munich: © Heye Munich, p. 187, bottom right
Christoph Rokitta, Berlin: p. 154; p. 188, bottom left
Oliver Schuh, Cologne: p. 182, top left
Christian Spielmann, Hamburg: p. 183, top left
Richard Stephan, Giessen: p. 186, top right
Klaus-Dieter Weiß, Minden: p. 142
Tobias Wille, Berlin, p. 26; p. 185, top right; p. 186, bottom right

Winking · Froh Architekten, Archive: p. 24, bottom right; p. 50, top and bottom left; p. 108; pp. 110–111; p. 112; p. 114; p. 115; p. 120, bottom left; p. 122, bottom right; p. 142, top; p. 169, bottom right; p. 170, top, p. 182, bottom right; p. 183, bottom right, p. 184, top left; p. 184, bottom right; p. 185, top left; p. 188, top right; p. 188, p. 188, top left; bottom right; p. 189, top right.

Winking · Froh Architects: p. 24, bottom left; p. 25, bottom right; p. 26, bottom left; p. 27, bottom right; p. 29, bottom right; p. 30; p. 31, bottom right; pp. 32–33; pp. 34–35; p. 44, bottom left; p. 45, bottom right; p. 48, bottom right; p. 50, bottom right; p. 51, bottom right; p. 52, top, bottom left; p. 53, bottom right; pp. 54–55; p. 56; p. 57, bottom right; pp. 58–59; p. 60; p. 61, bottom right; p. 78, p. 79; p. 81, bottom right; p. 83, bottom right; p. 85, bottom right; p. 88, bottom right; p. 89, bottom right; p. 90; p. 91, bottom right; p. 92; p. 93, bottom right; p. 105, bottom right; p. 109, bottom right; p. 113, bottom right; p. 117, bottom right; p. 121, bottom right; p. 123, bottom right; p. 125, bottom right; p. 127, bottom right; p. 143, bottom right; p. 145, bottom right; p. 151, bottom right; p. 153, bottom right; p. 155, bottom right; p. 156; p. 157, bottom right; p. 159, bottom right; p. 170, bottom left; p. 171, bottom right; p. 172, bottom left; p. 173, bottom right; p. 178, p. 179, bottom right; p. 180; p. 181, bottom right; p. 182, top right and bottom left; p. 183, top right; p. 184, top left; p. 186, top left; p. 187, bottom left; p. 189, bottom left and right; p. 190–191 top and bottom; p. 192, top and bottom; p. 192 top left, © Bloomimages

Michael Zapf, Hamburg: © Ingenieurbüro Grassl GmbH, p. 120, top and bottom right